AF551569

GRöLS
Verlage

„BÜCHER SIND WIE FALLSCHIRME. SIE NÜTZEN UNS NICHTS, WENN WIR SIE NICHT ÖFFNEN.“

**Gröls Verlag**

## Redaktionelle Hinweise und Impressum

Das vorliegende Werk wurde zugunsten der Authentizität sehr zurückhaltend bearbeitet. So wurden etwa ursprüngliche Rechtschreibfehler *nicht* systematisch behoben, denn kleine Unvollkommenheiten machen das Buch – wie im Übrigen den Menschen – erst authentisch. Mitunter wurden jedoch zum Beispiel Absätze behutsam neu getrennt, um den Lesefluss zu erleichtern.

Um die Texte zu rekonstruieren, werden antiquarische Bücher von Lesegeräten gescannt und dann durch eine Software lesbar gemacht. Der so entstandene Text wird von Menschen gegengelesen und korrigiert – hierbei treten auch Fehler auf. Wenn Sie ebenfalls antiquarische Texte einreichen möchten, finden Sie weitere Informationen auf www.groels.de

Viel Freude bei der Lektüre wünscht Ihnen das Team des Gröls-Verlags.

**Adressen**

Verleger: Sophia Gröls, Im Borngrund 26, 61440 Oberursel

Externer Dienstleister für Distribution & Herstellung: BoD, In de Tarpen 42, 22848 Norderstedt

**Unsere „Edition | Werke der Weltliteratur“** hat den Anspruch, eine der größten und vollständigsten Sammlungen klassischer Literatur in deutscher Sprache zu sein. Nach und nach versammeln wir hier nicht nur die „üblichen Verdächtigen“ von Goethe bis Schiller, sondern auch Kleinode der vergangenen Jahrhunderte, die – zu Unrecht – drohen, in Vergessenheit zu geraten. Wir kultivieren und kuratieren damit einen der wertvollsten Bereiche der abendländischen Kultur. Kleine Auswahl:

**Francis Bacon** • Neues Organon • **Balzac** • Glanz und Elend der Kurtisanen • **Joachim H. Campe** • Robinson der Jüngere • **Dante Alighieri** • Die Göttliche Komödie • **Daniel Defoe** • Robinson Crusoe • **Charles Dickens** • Oliver Twist • **Denis Diderot** • Jacques der Fatalist • **Fjodor Dostojewski** • Schuld und Sühne • **Arthur Conan Doyle** • Der Hund von Baskerville • **Marie von Ebner-Eschenbach** • Das Gemeindekind • **Elisabeth von Österreich** • Das Poetische Tagebuch • **Friedrich Engels** • Die Lage der arbeitenden Klasse • **Ludwig Feuerbach** • Das Wesen des Christentums • **Johann G. Fichte** • Reden an die deutsche Nation • **Fitzgerald** • Zärtlich ist die Nacht • **Flaubert** • Madame Bovary • **Gorch Fock** • Seefahrt ist not! • **Theodor Fontane** • Effi Briest • **Robert Musil** • Über die Dummheit • **Edgar Wallace** • Der Frosch mit der Maske • **Jakob Wassermann** • Der Fall Maurizius • **Oscar Wilde** • Das Bildnis des Dorian Grey • **Émile Zola** • Germinal • **Stefan Zweig** • Schachnovelle • **Hugo von Hofmannsthal** • Der Tor und der Tod • **Anton Tschechow** • Ein Heiratsantrag • **Arthur Schnitzler** • Reigen • **Friedrich Schiller** • Kabale und Liebe • **Nicolo Machiavelli** • Der Fürst • **Gotthold E. Lessing** • Nathan der Weise • **Augustinus** • Die Bekenntnisse des heiligen Augustinus • **Marcus Aurelius** • Selbstbetrachtungen • **Charles Baudelaire** • Die Blumen des Bösen • **Harriett Stowe** • Onkel Toms Hütte • **Walter Benjamin** • Deutsche Menschen • **Hugo Bettauer** • Die Stadt ohne Juden • **Lewis Caroll** • *und viele mehr….*

# Johann Wolfgang von Goethe

# Faust I - Eine Tragödie

## Inhalt

## Zueignung

Ihr naht euch wieder, schwankende Gestalten,
Die früh sich einst dem trüben Blick gezeigt.
Versuch ich wohl, euch diesmal festzuhalten?
Fühl ich mein Herz noch jenem Wahn geneigt?
Ihr drängt euch zu! nun gut, so mögt ihr walten,
Wie ihr aus Dunst und Nebel um mich steigt;
Mein Busen fühlt sich jugendlich erschüttert
Vom Zauberhauch, der euren Zug umwittert.

Ihr bringt mit euch die Bilder froher Tage,
Und manche liebe Schatten steigen auf;
Gleich einer alten, halbverklungnen Sage
Kommt erste Lieb und Freundschaft mit herauf;
Der Schmerz wird neu, es wiederholt die Klage
Des Lebens labyrinthisch irren Lauf,
Und nennt die Guten, die, um schöne Stunden
Vom Glück getäuscht, vor mir hinweggeschwunden.

Sie hören nicht die folgenden Gesänge,
Die Seelen, denen ich die ersten sang;
Zerstoben ist das freundliche Gedränge,
Verklungen, ach! der erste Widerklang.
Mein Lied ertönt der unbekannten Menge,
Ihr Beifall selbst macht meinem Herzen bang,
Und was sich sonst an meinem Lied erfreuet,
Wenn es noch lebt, irrt in der Welt zerstreuet.

Und mich ergreift ein längst entwöhntes Sehnen
Nach jenem stillen, ernsten Geisterreich,
Es schwebet nun in unbestimmten Tönen
Mein lispelnd Lied, der Äolsharfe gleich,
Ein Schauer faßt mich, Träne folgt den Tränen,
Das strenge Herz, es fühlt sich mild und weich;
Was ich besitze, seh ich wie im Weiten,
Und was verschwand, wird mir zu Wirklichkeiten.

## Vorspiel auf dem Theater

***Direktor. Theatherdichter. Lustige Person:***

**Direktor:**

Ihr beiden, die ihr mir so oft,
In Not und Trübsal, beigestanden,
Sagt, was ihr wohl in deutschen Landen
Von unsrer Unternehmung hofft?
Ich wünschte sehr der Menge zu behagen,
Besonders weil sie lebt und leben läßt.
Die Pfosten sind, die Bretter aufgeschlagen,
Und jedermann erwartet sich ein Fest.
Sie sitzen schon mit hohen Augenbraunen
Gelassen da und möchten gern erstaunen.
Ich weiß, wie man den Geist des Volks versöhnt;
Doch so verlegen bin ich nie gewesen:
Zwar sind sie an das Beste nicht gewöhnt,
Allein sie haben schrecklich viel gelesen.
Wie machen wir's, daß alles frisch und neu
Und mit Bedeutung auch gefällig sei?
Denn freilich mag ich gern die Menge sehen,
Wenn sich der Strom nach unsrer Bude drängt,
Und mit gewaltig wiederholten Wehen
Sich durch die enge Gnadenpforte zwängt;
Bei hellem Tage, schon vor vieren,
Mit Stößen sich bis an die Kasse ficht
Und, wie in Hungersnot um Brot an Bäckertüren,
Um ein Billet sich fast die Hälse bricht.
Dies Wunder wirkt auf so verschiedne Leute
Der Dichter nur; mein Freund, o tu es heute!

**Dichter:**

O sprich mir nicht von jener bunten Menge,
Bei deren Anblick uns der Geist entflieht.
Verhülle mir das wogende Gedränge,
Das wider Willen uns zum Strudel zieht.

Nein, führe mich zur stillen Himmelsenge,
Wo nur dem Dichter reine Freude blüht;
Wo Lieb und Freundschaft unsres Herzens Segen
Mit Götterhand erschaffen und erpflegen.

Ach! was in tiefer Brust uns da entsprungen,
Was sich die Lippe schüchtern vorgelallt,
Mißraten jetzt und jetzt vielleicht gelungen,
Verschlingt des wilden Augenblicks Gewalt.
Oft, wenn es erst durch Jahre durchgedrungen,
Erscheint es in vollendeter Gestalt.
Was glänzt, ist für den Augenblick geboren,
Das Echte bleibt der Nachwelt unverloren.

**Lustige Person:**

Wenn ich nur nichts von Nachwelt hören sollte.
Gesetzt, daß *ich* von Nachwelt reden wollte,
Wer machte denn der Mitwelt Spaß?
Den will sie doch und soll ihn haben.
Die Gegenwart von einem braven Knaben
Ist, dächt ich, immer auch schon was.
Wer sich behaglich mitzuteilen weiß,
Den wird des Volkes Laune nicht erbittern;
Er wünscht sich einen großen Kreis,
Um ihn gewisser zu erschüttern.
Drum seid nur brav und zeigt euch musterhaft,
Laßt Phantasie, mit allen ihren Chören,
Vernunft, Verstand, Empfindung, Leidenschaft,
Doch, merkt euch wohl! nicht ohne Narrheit hören.

**Direktor:**

Besonders aber laßt genug geschehn!
Man kommt zu schaun, man will am liebsten sehn.
Wird vieles vor den Augen abgesponnen,
So daß die Menge staunend gaffen kann,
Da habt Ihr in der Breite gleich gewonnen,
Ihr seid ein vielgeliebter Mann.

Die Masse könnt Ihr nur durch Masse zwingen,
Ein jeder sucht sich endlich selbst was aus.
Wer vieles bringt, wird manchem etwas bringen;
Und jeder geht zufrieden aus dem Haus.
Gebt Ihr ein Stück, so gebt es gleich in Stücken!
Solch ein Ragout, es muß Euch glücken;
Leicht ist es vorgelegt, so leicht als ausgedacht.
Was hilft's, wenn Ihr ein Ganzes dargebracht?
Das Publikum wird es Euch doch zerpflücken.

**Dichter:**

Ihr fühlet nicht, wie schlecht ein solches Handwerk sei!
Wie wenig das dem echten Künstler zieme!
Der saubern Herren Pfuscherei
Ist, merk ich, schon bei Euch Maxime.

**Direktor:**

Ein solcher Vorwurf läßt mich ungekränkt:
Ein Mann, der recht zu wirken denkt,
Muß auf das beste Werkzeug halten.
Bedenkt, Ihr habet weiches Holz zu spalten,
Und seht nur hin, für wen Ihr schreibt!
Wenn diesen Langeweile treibt,
Kommt jener satt vom übertischten Mahle,
Und, was das Allerschlimmste bleibt,
Gar mancher kommt vom Lesen der Journale.
Man eilt zerstreut zu uns, wie zu den Maskenfesten,
Und Neugier nur beflügelt jeden Schritt;
Die Damen geben sich und ihren Putz zum besten
Und spielen ohne Gage mit.
Was träumet Ihr auf Eurer Dichterhöhe?
Was macht ein volles Haus Euch froh?
Beseht die Gönner in der Nähe!
Halb sind sie kalt, halb sind sie roh.
Der, nach dem Schauspiel, hofft ein Kartenspiel,
Der eine wilde Nacht an einer Dirne Busen.
Was plagt ihr armen Toren viel,

Zu solchem Zweck, die holden Musen?
Ich sag Euch, gebt nur mehr und immer, immer mehr,
So könnt Ihr Euch vom Ziele nie verirren
Sucht nur die Menschen zu verwirren,
Sie zu befriedigen, ist schwer –
Was fällt Euch an? Entzückung oder Schmerzen?

**Dichter:**

Geh hin und such dir einen andern Knecht!
Der Dichter sollte wohl das höchste Recht,
Das Menschenrecht, das ihm Natur vergönnt,
Um deinetwillen freventlich verscherzen!
Wodurch bewegt er alle Herzen?
Wodurch besiegt er jedes Element?
Ist es der Einklang nicht, der aus dem Busen dringt,
Und in sein Herz die Welt zurücke schlingt?
Wenn die Natur des Fadens ew'ge Länge,
Gleichgültig drehend, auf die Spindel zwingt,
Wenn aller Wesen unharmon'sche Menge
Verdrießlich durcheinander klingt –
Wer teilt die fließend immer gleiche Reihe
Belebend ab, daß sie sich rhythmisch regt?
Wer ruft das Einzelne zur allgemeinen Weihe,
Wo es in herrlichen Akkorden schlägt?
Wer läßt den Sturm zu Leidenschaften wüten?
Das Abendrot im ernsten Sinne glühn?
Wer schüttet alle schönen Frühlingsblüten
Auf der Geliebten Pfade hin?
Wer flicht die unbedeutend grünen Blätter
Zum Ehrenkranz Verdiensten jeder Art?
Wer sichert den Olymp? vereinet Götter?
Des Menschen Kraft, im Dichter offenbart.

**Lustige Person:**

So braucht sie denn, die schönen Kräfte
Und treibt die dichtrischen Geschäfte
Wie man ein Liebesabenteuer treibt.

Zufällig naht man sich, man fühlt, man bleibt
Und nach und nach wird man verflochten;
Es wächst das Glück, dann wird es angefochten
Man ist entzückt, nun kommt der Schmerz heran,
Und eh man sich's versieht, ist's eben ein Roman.
Laßt uns auch so ein Schauspiel geben!
Greift nur hinein ins volle Menschenleben!
Ein jeder lebt's, nicht vielen ist's bekannt,
Und wo ihr's packt, da ist's interessant.
In bunten Bildern wenig Klarheit,
Viel Irrtum und ein Fünkchen Wahrheit,
So wird der beste Trank gebraut,
Der alle Welt erquickt und auferbaut.
Dann sammelt sich der Jugend schönste Blüte
Vor eurem Spiel und lauscht der Offenbarung,
Dann sauget jedes zärtliche Gemüte
Aus eurem Werk sich melanchol'sche Nahrung,
Dann wird bald dies, bald jenes aufgeregt
Ein jeder sieht, was er im Herzen trägt.
Noch sind sie gleich bereit, zu weinen und zu lachen,
Sie ehren noch den Schwung, erfreuen sich am Schein;
Wer fertig ist, dem ist nichts recht zu machen;
Ein Werdender wird immer dankbar sein.

**Dichter:**

So gib mir auch die Zeiten wieder,
Da ich noch selbst im Werden war,
Da sich ein Quell gedrängter Lieder
Ununterbrochen neu gebar,
Da Nebel mir die Welt verhüllten,
Die Knospe Wunder noch versprach,
Da ich die tausend Blumen brach,
Die alle Täler reichlich füllten.
Ich hatte nichts und doch genug:
Den Drang nach Wahrheit und die Lust am Trug.
Gib ungebändigt jene Triebe,
Das tiefe, schmerzenvolle Glück,

Des Hasses Kraft, die Macht der Liebe,
Gib meine Jugend mir zurück!

**Lustige Person:**

Der Jugend, guter Freund, bedarfst du allenfalls,
Wenn dich in Schlachten Feinde drängen,
Wenn mit Gewalt an deinen Hals
Sich allerliebste Mädchen hängen,
Wenn fern des schnellen Laufes Kranz
Vom schwer erreichten Ziele winket,
Wenn nach dem heft'gen Wirbeltanz
Die Nächte schmausend man vertrinket.
Doch ins bekannte Saitenspiel
Mit Mut und Anmut einzugreifen,
Nach einem selbstgesteckten Ziel
Mit holdem Irren hinzuschweifen,
Das, alte Herrn, ist eure Pflicht,
Und wir verehren euch darum nicht minder.
Das Alter macht nicht kindisch, wie man spricht,
Es findet uns nur noch als wahre Kinder.

**Direktor:**

Der Worte sind genug gewechselt,
Laßt mich auch endlich Taten sehn!
Indes ihr Komplimente drechselt,
Kann etwas Nützliches geschehn.
Was hilft es, viel von Stimmung reden?
Dem Zaudernden erscheint sie nie.
Gebt ihr euch einmal für Poeten,
So kommandiert die Poesie.
Euch ist bekannt, was wir bedürfen,
Wir wollen stark Getränke schlürfen;
Nun braut mir unverzüglich dran!
Was heute nicht geschieht, ist morgen nicht getan,
Und keinen Tag soll man verpassen,
Das Mögliche soll der Entschluß
Beherzt sogleich beim Schopfe fassen,

Er will es dann nicht fahren lassen
Und wirket weiter, weil er muß.

Ihr wißt, auf unsern deutschen Bühnen
Probiert ein jeder, was er mag;
Drum schonet mir an diesem Tag
Prospekte nicht und nicht Maschinen.
Gebraucht das groß, und kleine Himmelslicht,
Die Sterne dürfet ihr verschwenden;
An Wasser, Feuer, Felsenwänden,
An Tier und Vögeln fehlt es nicht.
So schreitet in dem engen Bretterhaus
Den ganzen Kreis der Schöpfung aus,
Und wandelt mit bedächt'ger Schnelle
Vom Himmel durch die Welt zur Hölle.

## Prolog im Himmel

***Der Herr. Die himmlischen Heerscharen. Nachher Mephistopheles. Die drei Erzengel treten vor.***

**Raphael:**

Die Sonne tönt, nach alter Weise,
In Brudersphären Wettgesang,
Und ihre vorgeschriebne Reise
Vollendet sie mit Donnergang.
Ihr Anblick gibt den Engeln Stärke,
Wenn keiner sie ergründen mag;
die unbegreiflich hohen Werke
Sind herrlich wie am ersten Tag.

**Gabriel:**

Und schnell und unbegreiflich schnelle
Dreht sich umher der Erde Pracht;
Es wechselt Paradieseshelle

Mit tiefer, schauervoller Nacht.
Es schäumt das Meer in breiten Flüssen
Am tiefen Grund der Felsen auf,
Und Fels und Meer wird fortgerissen
Im ewig schnellem Sphärenlauf.

**Michael:**

Und Stürme brausen um die Wette
Vom Meer aufs Land, vom Land aufs Meer,
und bilden wütend eine Kette
Der tiefsten Wirkung rings umher.
Da flammt ein blitzendes Verheeren
Dem Pfade vor des Donnerschlags.
Doch deine Boten, Herr, verehren
Das sanfte Wandeln deines Tags.

**Zu drei:**

Der Anblick gibt den Engeln Stärke,
Da keiner dich ergründen mag,
Und alle deine hohen Werke
Sind herrlich wie am ersten Tag.

**Mephistopheles:**

Da du, o Herr, dich einmal wieder nahst
Und fragst, wie alles sich bei uns befinde,
Und du mich sonst gewöhnlich gerne sahst,
So siehst du mich auch unter dem Gesinde.
Verzeih, ich kann nicht hohe Worte machen,
Und wenn mich auch der ganze Kreis verhöhnt;
Mein Pathos brächte dich gewiß zum Lachen,
Hättst du dir nicht das Lachen abgewöhnt.
Von Sonn' und Welten weiß ich nichts zu sagen,
Ich sehe nur, wie sich die Menschen plagen.
Der kleine Gott der Welt bleibt stets von gleichem Schlag,
Und ist so wunderlich als wie am ersten Tag.
Ein wenig besser würd er leben,
Hättst du ihm nicht den Schein des Himmelslichts gegeben;

Er nennt's Vernunft und braucht's allein,
Nur tierischer als jedes Tier zu sein.
Er scheint mir, mit Verlaub von euer Gnaden,
Wie eine der langbeinigen Zikaden,
Die immer fliegt und fliegend springt
Und gleich im Gras ihr altes Liedchen singt;
Und läg er nur noch immer in dem Grase!
In jeden Quark begräbt er seine Nase.

**DER HERR:**

Hast du mir weiter nichts zu sagen?
Kommst du nur immer anzuklagen?
Ist auf der Erde ewig dir nichts recht?

**Mephistopheles:**

Nein Herr! ich find es dort, wie immer, herzlich schlecht.
Die Menschen dauern mich in ihren Jammertagen,
Ich mag sogar die armen selbst nicht plagen.

**DER HERR:**

Kennst du den Faust?

**Mephistopheles:**

Den Doktor?

**DER HERR:**

Meinen Knecht!

**Mephistopheles:**

Fürwahr! er dient Euch auf besondre Weise.
Nicht irdisch ist des Toren Trank noch Speise.
Ihn treibt die Gärung in die Ferne,
Er ist sich seiner Tollheit halb bewußt;
Vom Himmel fordert er die schönsten Sterne
Und von der Erde jede höchste Lust,
Und alle Näh und alle Ferne
Befriedigt nicht die tiefbewegte Brust.

**DER HERR:**

Wenn er mir auch nur verworren dient,
So werd ich ihn bald in die Klarheit führen.
Weiß doch der Gärtner, wenn das Bäumchen grünt,
Das Blüt und Frucht die künft'gen Jahre zieren.

**Mephistopheles:**

Was wettet Ihr? den sollt Ihr noch verlieren!
Wenn Ihr mir die Erlaubnis gebt,
Ihn meine Straße sacht zu führen.

**DER HERR:**

Solang er auf der Erde lebt,
So lange sei dir's nicht verboten,
Es irrt der Mensch so lang er strebt.

**Mephistopheles:**

Da dank ich Euch; denn mit den Toten
Hab ich mich niemals gern befangen.
Am meisten lieb ich mir die vollen, frischen Wangen.
Für einem Leichnam bin ich nicht zu Haus;
Mir geht es wie der Katze mit der Maus.

**DER HERR:**

Nun gut, es sei dir überlassen!
Zieh diesen Geist von seinem Urquell ab,
Und führ ihn, kannst du ihn erfassen,
Auf deinem Wege mit herab,
Und steh beschämt, wenn du bekennen mußt:
Ein guter Mensch, in seinem dunklen Drange,
Ist sich des rechten Weges wohl bewußt.

**Mephistopheles:**

Schon gut! nur dauert es nicht lange.
Mir ist für meine Wette gar nicht bange.
Wenn ich zu meinem Zweck gelange,
Erlaubt Ihr mir Triumph aus voller Brust.

Staub soll er fressen, und mit Lust,
Wie meine Muhme, die berühmte Schlange.

**DER HERR:**

Du darfst auch da nur frei erscheinen;
Ich habe deinesgleichen nie gehaßt.
Von allen Geistern, die verneinen,
ist mir der Schalk am wenigsten zur Last.
Des Menschen Tätigkeit kann allzu leicht erschlaffen,
er liebt sich bald die unbedingte Ruh;
Drum geb ich gern ihm den Gefallen zu,
Der reizt und wirkt und muß als Teufel schaffen.
Doch ihr, die echten Göttersöhne,
Erfreut euch der lebendig reichen Schöne!
Das Werdende, das ewig wirkt und lebt,
Umfass euch mit der Liebe holden Schranken,
Und was in schwankender Erscheinung schwebt,
Befestigt mit dauernden Gedanken!

*(Der Himmel schließt, die Erzengel verteilen sich.)*

**Mephistopheles** *(allein)*:

Von Zeit zu Zeit seh ich den Alten gern,
Und hüte mich, mit ihm zu brechen.
Es ist gar hübsch von einem großen Herrn,
So menschlich mit dem Teufel selbst zu sprechen.

# Faust: Der Tragödie Erster Teil

## Nacht.

*In einem hochgewölbten, engen gotischen Zimmer Faust, unruhig auf seinem Sessel am Pulte.*

**Faust:**

Habe nun, ach! Philosophie,
Juristerei und Medizin,
Und leider auch Theologie
Durchaus studiert, mit heißem Bemühn.
Da steh ich nun, ich armer Tor!
Und bin so klug als wie zuvor;
Heiße Magister, heiße Doktor gar
Und ziehe schon an die zehen Jahr
Herauf, herab und quer und krumm
Meine Schüler an der Nase herum –
Und sehe, daß wir nichts wissen können!
Das will mir schier das Herz verbrennen.
Zwar bin ich gescheiter als all die Laffen,
Doktoren, Magister, Schreiber und Pfaffen;
Mich plagen keine Skrupel noch Zweifel,
Fürchte mich weder vor Hölle noch Teufel –
Dafür ist mir auch alle Freud entrissen,
Bilde mir nicht ein, was Rechts zu wissen,
Bilde mir nicht ein, ich könnte was lehren,
Die Menschen zu bessern und zu bekehren.
Auch hab ich weder Gut noch Geld,
Noch Ehr und Herrlichkeit der Welt;
Es möchte kein Hund so länger leben!
Drum hab ich mich der Magie ergeben,
Ob mir durch Geistes Kraft und Mund
Nicht manch Geheimnis würde kund;
Daß ich nicht mehr mit saurem Schweiß
Zu sagen brauche, was ich nicht weiß;
Daß ich erkenne, was die Welt

Im Innersten zusammenhält,
Schau alle Wirkenskraft und Samen,
Und tu nicht mehr in Worten kramen.

O sähst du, voller Mondenschein,
Zum letzenmal auf meine Pein,
Den ich so manche Mitternacht
An diesem Pult herangewacht:
Dann über Büchern und Papier,
Trübsel'ger Freund, erschienst du mir!
Ach! könnt ich doch auf Bergeshöhn
In deinem lieben Lichte gehn,
Um Bergeshöhle mit Geistern schweben,
Auf Wiesen in deinem Dämmer weben,
Von allem Wissensqualm entladen,
In deinem Tau gesund mich baden!

Weh! steck ich in dem Kerker noch?
Verfluchtes dumpfes Mauerloch,
Wo selbst das liebe Himmelslicht
Trüb durch gemalte Scheiben bricht!
Beschränkt mit diesem Bücherhauf,
den Würme nagen, Staub bedeckt,
Den bis ans hohe Gewölb hinauf
Ein angeraucht Papier umsteckt;
Mit Gläsern, Büchsen rings umstellt,
Mit Instrumenten vollgepfropft,
Urväter Hausrat drein gestopft –
Das ist deine Welt! das heißt eine Welt!

Und fragst du noch, warum dein Herz
Sich bang in deinem Busen klemmt?
Warum ein unerklärter Schmerz
Dir alle Lebensregung hemmt?
Statt der lebendigen Natur,
Da Gott die Menschen schuf hinein,
Umgibt in Rauch und Moder nur
Dich Tiergeripp und Totenbein.

Flieh! auf! hinaus ins weite Land!
Und dies geheimnisvolle Buch,
Von Nostradamus' eigner Hand,
Ist dir es nicht Geleit genug?
Erkennest dann der Sterne Lauf,
Und wenn Natur dich Unterweist,
Dann geht die Seelenkraft dir auf,
Wie spricht ein Geist zum andren Geist.
Umsonst, daß trocknes Sinnen hier
Die heil'gen Zeichen dir erklärt:
Ihr schwebt, ihr Geister, neben mir;
Antwortet mir, wenn ihr mich hört!

*(Er schlägt das Buch auf und erblickt das Zeichen des Makrokosmus.)*

Ha! welche Wonne fließt in diesem Blick
Auf einmal mir durch alle meine Sinnen!
Ich fühle junges, heil'ges Lebensglück
Neuglühend mir durch Nerv' und Adern rinnen.
War es ein Gott, der diese Zeichen schrieb,
Die mir das innre Toben stillen,
Das arme Herz mit Freude füllen,
Und mit geheimnisvollem Trieb
Die Kräfte der Natur rings um mich her enthüllen?
Bin ich ein Gott? Mir wird so licht!
Ich schau in diesen reinen Zügen
Die wirkende Natur vor meiner Seele liegen.
Jetzt erst erkenn ich, was der Weise spricht:
"Die Geisterwelt ist nicht verschlossen;
Dein Sinn ist zu, dein Herz ist tot!
Auf, bade, Schüler, unverdrossen
Die ird'sche Brust im Morgenrot!"

*(er beschaut das Zeichen.)*

Wie alles sich zum Ganzen webt,
Eins in dem andern wirkt und lebt!
Wie Himmelskräfte auf und nieder steigen
Und sich die goldnen Eimer reichen!

Mit segenduftenden Schwingen
Vom Himmel durch die Erde dringen,
Harmonisch all das All durchklingen!

Welch Schauspiel! Aber ach! ein Schauspiel nur!
Wo fass ich dich, unendliche Natur?
Euch Brüste, wo? Ihr Quellen alles Lebens,
An denen Himmel und Erde hängt,
Dahin die welke Brust sich drängt –
Ihr quellt, ihr tränkt, und schmacht ich so vergebens?

*(er schlägt unwillig das Buch um und erblickt das Zeichen des Erdgeistes.)*

Wie anders wirkt dies Zeichen auf mich ein!
Du, Geist der Erde, bist mir näher;
Schon fühl ich meine Kräfte höher,
Schon glüh ich wie von neuem Wein.
Ich fühle Mut, mich in die Welt zu wagen,
Der Erde Weh, der Erde Glück zu tragen,
Mit Stürmen mich herumzuschlagen
Und in des Schiffbruchs Knirschen nicht zu zagen.
Es wölkt sich über mir –
Der Mond verbirgt sein Licht –
Die Lampe schwindet!
Es dampft! Es zucken rote Strahlen
Mir um das Haupt – Es weht
Ein Schauer vom Gewölb herab
Und faßt mich an!
Ich fühl's, du schwebst um mich, erflehter Geist
Enthülle dich!
Ha! wie's in meinem Herzen reißt!
Zu neuen Gefühlen
All meine Sinnen sich erwühlen!
Ich fühle ganz mein Herz dir hingegeben!
Du mußt! du mußt! und kostet es mein Leben!

*(Er faßt das Buch und spricht das Zeichen des Geistes geheimnisvoll aus. Es zuckt eine rötliche Flamme, der Geist erscheint in der Flamme.)*

**Geist:**

Wer ruft mir?

**Faust** *(abgewendet)*:

Schreckliches Gesicht!

**Geist:**

Du hast mich mächtig angezogen,
An meiner Sphäre lang gesogen,
Und nun –

**Faust:**

Weh! ich ertrag dich nicht!

**Geist:**

Du flehst, eratmend mich zu schauen,
Meine Stimme zu hören, mein Antlitz zu sehn;
Mich neigt dein mächtig Seelenflehn,
Da bin ich! – Welch erbärmlich Grauen
Faßt Übermenschen dich! Wo ist der Seele Ruf?
Wo ist die Brust, die eine Welt in sich erschuf
Und trug und hegte, die mit Freudebeben
Erschwoll, sich uns, den Geistern, gleich zu heben?
Wo bist du, Faust, des Stimme mir erklang,
Der sich an mich mit allen Kräften drang?
Bist du es, der, von meinem Hauch umwittert,
In allen Lebenslagen zittert,
Ein furchtsam weggekrümmter Wurm?

**Faust:**

Soll ich dir, Flammenbildung, weichen?
Ich bin's, bin Faust, bin deinesgleichen!

**Geist:**

In Lebensfluten, im Tatensturm
Wall ich auf und ab,
Wehe hin und her!

Geburt und Grab,
Ein ewiges Meer,
Ein wechselndes Wehen,
Ein glühend Leben,
So schaff ich am laufenden Webstuhl der Zeit
Und wirke der Gottheit lebendiges Kleid.

**Faust:**

Der du die weite Welt umschweifst,
Geschäftiger Geist, wie nah fühl ich mich dir!

**Geist:**

Du gleichst dem Geist, den du begreifst,
Nicht mir!

*(verschwindet)*

**Faust** *(zusammenstürzend)* **:**

Nicht dir?
Wem denn?
Ich Ebenbild der Gottheit!
Und nicht einmal dir!

*(es klopft)*

O Tod! ich kenn's – das ist mein Famulus –
Es wird mein schönstes Glück zunichte!
Daß diese Fülle der Geschichte
Der trockne Schleicher stören muß!

*Wagner im Schlafrock und der Nachtmütze, eine Lampe in der Hand. Faust wendet sich unwillig.*

**Wagner:**

Verzeiht! ich hör euch deklamieren;
Ihr last gewiß ein griechisch Trauerspiel?
In dieser Kunst möcht ich was profitieren,
Denn heutzutage wirkt das viel.

Ich hab es öfters rühmen hören,
Ein Komödiant könnt einen Pfarrer lehren.

**Faust:**

Ja, wenn der Pfarrer ein Komödiant ist;
Wie das denn wohl zuzeiten kommen mag.

**Wagner:**

Ach! wenn man so in sein Museum gebannt ist,
Und sieht die Welt kaum einen Feiertag,
Kaum durch ein Fernglas, nur von weitem,
Wie soll man sie durch Überredung leiten?

**Faust:**

Wenn ihr's nicht fühlt, ihr werdet's nicht erjagen,
Wenn es nicht aus der Seele dringt
Und mit urkräftigem Behagen
Die Herzen aller Hörer zwingt.
Sitzt ihr nur immer! leimt zusammen,
Braut ein Ragout von andrer Schmaus
Und blast die kümmerlichen Flammen
Aus eurem Aschenhäuschen 'raus!
Bewundrung von Kindern und Affen,
Wenn euch darnach der Gaumen steht –
Doch werdet ihr nie Herz zu Herzen schaffen,
Wenn es euch nicht von Herzen geht.

**Wagner:**

Allein der Vortrag macht des Redners Glück;
Ich fühl es wohl, noch bin ich weit zurück.

**Faust:**

Such Er den redlichen Gewinn!
Sei Er kein schellenlauter Tor!
Es trägt Verstand und rechter Sinn
Mit wenig Kunst sich selber vor!
Und wenn's euch Ernst ist, was zu sagen,

Ist's nötig, Worten nachzujagen?
Ja, eure Reden, die so blinkend sind,
In denen ihr der Menschheit Schnitzel kräuselt,
Sind unerquicklich wie der Nebelwind,
Der herbstlich durch die dürren Blätter säuselt!

**Wagner:**

Ach Gott! die Kunst ist lang;
Und kurz ist unser Leben.
Mir wird, bei meinem kritischen Bestreben,
Doch oft um Kopf und Busen bang.
Wie schwer sind nicht die Mittel zu erwerben,
Durch die man zu den Quellen steigt!
Und eh man nur den halben Weg erreicht,
Muß wohl ein armer Teufel sterben.

**Faust:**

Das Pergament, ist das der heil'ge Bronnen,
Woraus ein Trunk den Durst auf ewig stillt?
Erquickung hast du nicht gewonnen,
Wenn sie dir nicht aus eigner Seele quillt.

**Wagner:**

Verzeiht! es ist ein groß Ergetzen,
Sich in den Geist der Zeiten zu versetzen;
Zu schauen, wie vor uns ein weiser Mann gedacht,
Und wie wir's dann zuletzt so herrlich weit gebracht.

**Faust:**

O ja, bis an die Sterne weit!
Mein Freund, die Zeiten der Vergangenheit
Sind uns ein Buch mit sieben Siegeln.
Was ihr den Geist der Zeiten heißt,
Das ist im Grund der Herren eigner Geist,
In dem die Zeiten sich bespiegeln.
Da ist's denn wahrlich oft ein Jammer!
Man läuft euch bei dem ersten Blick davon.

Ein Kehrichtfaß und eine Rumpelkammer
Und höchstens eine Haupt- und Staatsaktion
Mit trefflichen pragmatischen Maximen,
Wie sie den Puppen wohl im Munde ziemen!

**Wagner:**

Allein die Welt! des Menschen Herz und Geist!
Möcht jeglicher doch was davon erkennen.

**Faust:**

Ja, was man so erkennen heißt!
Wer darf das Kind beim Namen nennen?
Die wenigen, die was davon erkannt,
Die töricht g'nug ihr volles Herz nicht wahrten,
Dem Pöbel ihr Gefühl, ihr Schauen offenbarten,
Hat man von je gekreuzigt und verbrannt.
Ich bitt Euch, Freund, es ist tief in der Nacht,
Wir müssen's diesmal unterbrechen.

**Wagner:**

Ich hätte gern nur immer fortgewacht,
Um so gelehrt mit Euch mich zu besprechen.
Doch morgen, als am ersten Ostertage,
Erlaubt mir ein' und andre Frage.
Mit Eifer hab' ich mich der Studien beflissen;
Zwar weiß ich viel, doch möcht' ich alles wissen.

*(Ab.)*

**Faust** *(allein)*:

Wie nur dem Kopf nicht alle Hoffnung schwindet,
Der immerfort an schalem Zeuge klebt,
Mit gier'ger Hand nach Schätzen gräbt,
Und froh ist, wenn er Regenwürmer findet!

Darf eine solche Menschenstimme hier,
Wo Geisterfülle mich umgab, ertönen?
Doch ach! für diesmal dank ich dir,

Dem ärmlichsten von allen Erdensöhnen.
Du rittest mich von der Verzweiflung los,
Die mir die Sinne schon zerstören wollte.
Ach! die Erscheinung war so riesengroß,
Daß ich mich recht als Zwerg empfinden sollte.

Ich, Ebenbild der Gottheit, das sich schon
Ganz nah gedünkt dem Spiegel ew'ger Wahrheit,
Sein selbst genoß in Himmelsglanz und Klarheit,
Und abgestreift den Erdensohn;
Ich, mehr als Cherub, dessen freie Kraft
Schon durch die Adern der Natur zu fließen
Und, schaffend, Götterleben zu genießen
Sich ahnungsvoll vermaß, wie muß ich's büßen!
Ein Donnerwort hat mich hinweggerafft.

Nicht darf ich dir zu gleichen mich vermessen;
Hab ich die Kraft dich anzuziehn besessen,
So hatt ich dich zu halten keine Kraft.
Zu jenem sel'gen Augenblicke
Ich fühlte mich so klein, so groß;
Du stießest grausam mich zurück,
Ins ungewisse Menschenlos.
Wer lehret mich? was soll ich meiden?
Soll ich gehorchen jenem Drang?
Ach! unsre Taten selbst, so gut als unsre Leiden,
Sie hemmen unsres Lebens Gang.

Dem Herrlichsten, was auch der Geist empfangen,
Drängt immer fremd und fremder Stoff sich an;
Wenn wir zum Guten dieser Welt gelangen,
Dann heißt das Beßre Trug und Wahn.
Die uns das Leben gaben, herrliche Gefühle
Erstarren in dem irdischen Gewühle.

Wenn Phantasie sich sonst mit kühnem Flug
Und hoffnungsvoll zum Ewigen erweitert,
So ist ein kleiner Raum ihr genug,
Wenn Glück auf Glück im Zeitenstrudel scheitert.

Die Sorge nistet gleich im tiefen Herzen,
Dort wirket sie geheime Schmerzen,
Unruhig wiegt sie sich und störet Luft und Ruh;
Sie deckt sich stets mit neuen Masken zu,
Sie mag als Haus und Hof, als Weib und Kind erscheinen,
Als Feuer, Wasser, Dolch und Gift;
Du bebst vor allem, was nicht trifft,
Und was du nie verlierst, das mußt du stets beweinen.

Den Göttern gleich ich nicht! zu tief ist es gefühlt;
Dem Wurme gleich ich, der den Staub durchwühlt,
Den, wie er sich im Staube nährend lebt,
Des Wandrers Tritt vernichtet und begräbt.

Ist es nicht Staub, was diese hohe Wand
Aus hundert Fächern mit verenget?
Der Trödel, der mit tausendfachem Tand
In dieser Mottenwelt mich dränget?
Hier soll ich finden, was mir fehlt?
Soll ich vielleicht in tausend Büchern lesen,
Daß überall die Menschen sich gequält,
Daß hie und da ein Glücklicher gewesen? –
Was grinsest du mir, hohler Schädel, her?
Als daß dein Hirn, wie meines, einst verwirret
Den leichten Tag gesucht und in der Dämmrung schwer,
Mit Luft nach Wahrheit, jämmerlich geirret.
Ihr Instrumente freilich spottet mein,
Mit Rad und Kämmen, Walz und Bügel:
Ich stand am Tor, ihr solltet Schlüssel sein;
Zwar euer Bart ist kraus, doch hebt ihr nicht die Riegel.
Geheimnisvoll am lichten Tag
Läßt sich Natur des Schleiers nicht berauben,
Und was sie deinem Geist nicht offenbaren mag,
Das zwingst du ihr nicht ab mit Hebeln und mit Schrauben.
Du alt Geräte, das ich nicht gebraucht,
Du stehst nur hier, weil dich mein Vater brauchte.
Du alte Rolle, du wirst angeraucht,
Solang an diesem Pult die trübe Lampe schmauchte.

Weit besser hätt ich doch mein Weniges verpraßt,
Als mit dem Wenigen belastet hier zu schwitzen!
Was du ererbt von deinem Vater hast,
Erwirb es, um es zu besitzen.
Was man nicht nützt, ist eine schwere Last,
Nur was der Augenblick erschafft, das kann er nützen.

Doch warum heftet sich mein Blick auf jene Stelle?
Ist jenes Fläschchen dort den Augen ein Magnet?
Warum wird mir auf einmal lieblich helle,
Als wenn im nächt'gen Wald uns Mondenglanz umweht?

Ich grüße dich, du einzige Phiole,
Die ich mit Andacht nun herunterhole!
In dir verehr ich Menschenwitz und Kunst.
Du Inbegriff der holden Schlummersäfte,
Du Auszug aller tödlich feinen Kräfte,
Erweise deinem Meister deine Gunst!
Ich sehe dich, es wird der Schmerz gelindert,
Ich fasse dich, das Streben wird gemindert,
Des Geistes Flutstrom ebbet nach und nach.
Ins hohe Meer werd ich hinausgewiesen,
Die Spiegelflut erglänzt zu meinen Füßen,
Zu neuen Ufern lockt ein neuer Tag.

Ein Feuerwagen schwebt, auf leichten Schwingen,
An mich heran! Ich fühle mich bereit,
Auf neuer Bahn den Äther zu durchdringen,
Zu neuen Sphären reiner Tätigkeit.
Dies hohe Leben, diese Götterwonne!
Du, erst noch Wurm, und die verdienest du?
Ja, kehre nur der holden Erdensonne
Entschlossen deinen Rücken zu!
Vermesse dich, die Pforten aufzureißen,
Vor denen jeder gern vorüberschleicht!
Hier ist es Zeit, durch Taten zu beweisen,
Das Manneswürde nicht der Götterhöhe weicht,
Vor jener dunkeln Höhle nicht zu beben,

In der sich Phantasie zu eigner Qual verdammt,
Nach jenem Durchgang hinzustreben,
Um dessen engen Mund die ganze Hölle flammt;
In diesem Schritt sich heiter zu entschließen,
Und wär es mit Gefahr, ins Nichts dahin zu fließen.

Nun komm herab, kristallne reine Schale!
Hervor aus deinem alten Futterale,
An die ich viele Jahre nicht gedacht!
Du glänzetst bei der Väter Freudenfeste,
Erheitertest die ernsten Gäste,
Wenn einer dich dem andern zugebracht.
Der vielen Bilder künstlich reiche Pracht,
Des Trinkers Pflicht, sie reimweis zu erklären,
Auf einen Zug die Höhlung auszuleeren,
Erinnert mich an manche Jugendnacht.
Ich werde jetzt dich keinem Nachbar reichen,
Ich werde meinen Witz an deiner Kunst nicht zeigen.
Hier ist ein Saft, der eilig trunken macht;
Mit brauner Flut erfüllt er deine Höhle.
Den ich bereit, den ich wähle,
"Der letzte Trunk sei nun, mit ganzer Seele,
Als festlich hoher Gruß, dem Morgen zugebracht!

*(Er setzt die Schale an den Mund.)*
*Glockenklang und Chorgesang.*

**Chor der Engel:**

Christ ist erstanden!
Freude dem Sterblichen,
Den die verderblichen,
Schleichenden, erblichen
Mängel unwanden.

**Faust:**

Welch tiefes Summen, welch heller Ton
Zieht mit Gewalt das Glas von meinem Munde?
Verkündigt ihr dumpfen Glocken schon

Des Osterfestes erste Feierstunde?
Ihr Chöre, singt ihr schon den tröstlichen Gesang,
Der einst, um Grabes Nacht, von Engelslippen klang,
Gewißheit einem neuen Bunde?

**Chor der Weiber:**

Mit Spezereien
Hatten wir ihn gepflegt,
Wir seine Treuen
Hatten ihn hingelegt;
Tücher und Binden
Reinlich unwanden wir,
Ach! und wir finden
Christ nicht mehr hier.

**Chor der Engel:**

Christ ist erstanden!
Selig der Liebende,
Der die betrübende,
Heilsam und übende
Prüfung bestanden.

**Faust:**

Was sucht ihr, mächtig und gelind,
Ihr Himmelstöne, mich am Staube?
Klingt dort umher, wo weiche Menschen sind.
Die Botschaft hör ich wohl, allein mir fehlt der Glaube;
Das Wunder ist des Glaubens liebstes Kind.
Zu jenen Sphären wag ich nicht zu streben,
Woher die holde Nachricht tönt;
Und doch, an diesen Klang von Jugend auf gewöhnt,
Ruft er auch jetzt zurück mich in das Leben.
Sonst stürzte sich der Himmelsliebe Kuß
Auf mich herab in ernster Sabbatstille;
Da klang so ahnungsvoll des Glockentones Fülle,
Und ein Gebet war brünstiger Genuß;
Ein unbegreiflich holdes Sehnen

Trieb mich, durch Wald und Wiesen hinzugehn,
Und unter tausend heißen Tränen
Fühlt ich mir eine Welt entstehn.
Dies Lieb verkündete der Jugend muntre Spiele,
Der Frühlingsfeier freies Glück;
Erinnrung hält mich nun, mit kindlichem Gefühle,
Vom letzten, ernsten Schritt zurück.
O tönet fort, ihr süßen Himmelslieder!
Die Träne quillt, die Erde hat mich wieder!

**Chor der Jünger:**

Hat der Begrabene
Schon sich nach oben,
Lebend Erhabene,
Herrlich erhoben;
Ist er in Werdeluft
Schaffender Freude nah:
Ach! an der Erde Brust
Sind wir zum Leide da.
Ließ er die Seinen
Schmachtend uns hier zurück;
Ach! wir beweinen,
Meister, dein Glück!

**Chor der Engel:**

Christ ist erstanden,
Aus der Verwesung Schoß.
Reißet von Banden
Freudig euch los!
Tätig ihn preisenden,
Liebe beweisenden,
Brüderlich speisenden,
Predigend reisenden,
Wonne verheißenden
Euch ist der Meister nah,
Euch ist er da!

## Vor dem Tor

***Spaziergänger aller Art ziehen hinaus.***

**Einige Handwerksbursche:**

Warum denn dort hinaus?

**Andre:**

Wir gehn hinaus aufs Jägerhaus.

**Die Ersten:**

Wir aber wollen nach der Mühle wandern.

**Ein Handwerksbursch:**

Ich rat euch, nach dem Wasserhof zu gehn.

**Zweiter:**

Der Weg dahin ist gar nicht schön.

**Die Zweiten:**

Was tust denn du?

**Ein Dritter:**

Ich gehe mit den andern.

**Vierter:**

Nach Burgdorf kommt herauf, gewiß dort findet ihr
Die schönsten Mädchen und das beste Bier,
Und Händel von der ersten Sorte.

**Fünfter:**

Du überlustiger Gesell,
Juckt dich zum drittenmal das Fell?
Ich mag nicht hin, mir graut es vor dem Orte.

**Dienstmädchen:**

Nein, nein! ich gehe nach der Stadt zurück.

**Andre:**

Wir finden ihn gewiß bei jenen Pappeln stehen.

**Erste:**

Das ist für mich kein großes Glück;
Er wird an deiner Seite gehen,
Mit dir nur tanzt er auf dem Plan.
Was gehn mich deine Freuden an!

**Andre:**

Heut ist er sicher nicht allein,
Der Krauskopf, sagt er, würde bei ihm sein.

**Schüler:**

Blitz, wie die wackern Dirnen schreiten!
Herr Bruder, komm! wir müssen sie begleiten.
Ein starkes Bier, ein beizender Toback,
Und eine Magd im Putz, das ist nun mein Geschmack.

**Bürgermädchen:**

Da sieh mir nur die schönen Knaben!
Es ist wahrhaftig eine Schmach:
Gesellschaft könnten sie die allerbeste haben,
Und laufen diesen Mägden nach!

**Zweiter Schüler** *(zum ersten)*:

Nicht so geschwind! dort hinten kommen zwei,
Sie sind gar niedlich angezogen,
's ist meine Nachbarin dabei;
Ich bin dem Mädchen sehr gewogen.
Sie gehen ihren stillen Schritt
Und nehmen uns doch auch am Ende mit.

**Erster:**

Herr Bruder, nein! Ich bin nicht gern geniert.
Geschwind! daß wir das Wildbret nicht verlieren.
Die Hand, die samstags ihren Besen führt
Wird sonntags dich am besten karessieren.

**Bürger:**

Nein, er gefällt mir nicht, der neue Burgemeister!
Nun, da er's ist, wird er nur täglich dreister.
Und für die Stadt was tut denn er?
Wird es nicht alle Tage schlimmer?
Gehorchen soll man mehr als immer,
Und zahlen mehr als je vorher.

**Bettler** *(singt)*:

Ihr guten Herrn, ihr schönen Frauen,
  So wohlgeputzt und backenrot,
  Belieb es euch, mich anzuschauen,
  Und seht und mildert meine Not!
  Laßt hier mich nicht vergebens leiern!
  Nur der ist froh, der geben mag.
  Ein Tag, den alle Menschen feiern,
  Er sei für mich ein Erntetag.

**Andrer Bürger:**

Nichts Bessers weiß ich mir an Sonn- und Feiertagen
Als ein Gespräch von Krieg und Kriegsgeschrei,
Wenn hinten, weit, in der Türkei,
Die Völker aufeinander schlagen.
Man steht am Fenster, trinkt sein Gläschen aus
Und sieht den Fluß hinab die bunten Schiffe gleiten;
Dann kehrt man abends froh nach Haus,
Und segnet Fried und Friedenszeiten.

**Dritter Bürger:**

Herr Nachbar, ja! so laß ich's auch geschehn:
Sie mögen sich die Köpfe spalten,
Mag alles durcheinander gehn;
Doch nur zu Hause bleib's beim alten.

**Alte** *(zu den Bürgermädchen)*:

Ei! wie geputzt! das schöne junge Blut!
Wer soll sich nicht in euch vergaffen? –

Nur nicht so stolz! es ist schon gut!
Und was ihr wünscht, das wüßt ich wohl zu schaffen.

**Bürgermädchen:**

Agathe, fort! ich nehme mich in acht,
Mit solchen Hexen öffentlich zu gehen;
Sie ließ mich zwar in Sankt Andreas' Nacht
Den künft'gen Liebsten leiblich sehen –

**Die Andre:**

Mir zeigte sie ihn im Kristall,
Soldatenhaft, mit mehreren Verwegnen;
Ich seh mich um, ich such ihn überall,
Allein mir will er nicht begegnen.

**Soldaten:**

Burgen mit hohen
Mauern und Zinnen,
Mädchen mit stolzen
Höhnenden Sinnen
Möcht ich gewinnen!
Kühn ist das Mühen,
Herrlich der Lohn!

Und die Trompete
Lassen wir werben,
Wie zu der Freude,
So zum Verderben.
Das ist ein Stürmen!
Das ist ein Leben!
Mädchen und Burgen
Müssen sich geben.
Kühn ist das Mühen,
Herrlich der Lohn!
Und die Soldaten
Ziehen davon.

*Faust und Wagner.*

**Faust:**

Vom Eise befreit sind Strom und Bäche
Durch des Frühlings holden, belebenden Blick;
Im Tale grünet Hoffnungsglück;
Der alte Winter, in seiner Schwäche,
Zog sich in rauhe Berge zurück.
Von dorther sendet er, fliehend, nur
Ohnmächtige Schauer kornigen Eises
In Streifen über die grünende Flur;
Aber die Sonne duldet kein Weißes,
Überall regt sich Bildung und Streben,
Alles will sie mit Farben beleben;
Doch an Blumen fehlt's im Revier
Sie nimmt geputzte Menschen dafür.
Kehre dich um, von diesen Höhen
Nach der Stadt zurückzusehen.
Aus dem hohlen finstern Tor
Dringt ein buntes Gewimmel hervor.
Jeder sonnt sich heute so gern.
Sie feiern die Auferstehung des Herrn,
Denn sie sind selber auferstanden,
Aus niedriger Häuser dumpfen Gemächern,
Aus Handwerks- und Gewerbesbanden,
Aus dem Druck von Giebeln und Dächern,
Aus der Straßen quetschender Enge,
Aus der Kirchen ehrwürdiger Nacht
Sind sie alle ans Licht gebracht.
Sieh nur, sieh! wie behend sich die Menge
Durch die Gärten und Felder zerschlägt,
Wie der Fluß, in Breit und Länge
So manchen lustigen Nachen bewegt,
Und bis zum Sinken überladen
Entfernt sich dieser letzte Kahn.
Selbst von des Berges fernen Pfaden
Blinken uns farbige Kleider an.
Ich höre schon des Dorfs Getümmel,

Hier ist des Volkes wahrer Himmel,
Zufrieden jauchzet groß und klein:
Hier bin ich Mensch, hier darf ich's sein!

**Wagner:**

Mit Euch, Herr Doktor, zu spazieren
Ist ehrenvoll und ist Gewinn;
Doch würd ich nicht allein mich her verlieren,
Weil ich ein Feind von allem Rohen bin.
Das Fiedeln, Schreien, Kegelschieben
Ist mir ein gar verhaßter Klang;
Sie toben wie vom bösen Geist getrieben
Und nennen's Freude. nennen's Gesang.

*Bauern unter der Linde.*
*Tanz und Gesang.*

Der Schäfer putzte sich zum Tanz,
Mit bunter Jacke, Band und Kranz,
Schmuck war er angezogen.
Schon um die Linde war es voll,
Und alles tanzte schon wie toll.
Juchhe! Juchhe!
Juchheisa! Heisa! He!
So ging der Fiedelbogen.

Er drückte hastig sich heran,
Da stieß er an ein Mädchen an
Mit seinem Ellenbogen;
Die frische Dirne kehrt, sich um
Und sagte: Nun, das find ich dumm!
Juchhe! Juchhe!
Juchheisa! Heisa! He!
Seid nicht so ungezogen!

Doch hurtig in dem Kreise ging's,
Sie tanzten rechts, sie tanzten links,
Und alle Röcke flogen.
Sie wurden rot, sie wurden warm

Und ruhten atmend Arm in Arm,
Juchhe! Juchhe!
Juchheisa! Heisa! He!
Und Hüft an Ellenbogen.

Und tu mir doch nicht so vertraut!
Wie mancher hat nicht seine Braut
Belogen und betrogen!
Er schmeichelte sie doch bei Seit,
Und von der Linde scholl es weit:
Juchhe! Juchhe!
Juchheisa! Heisa! He!
Geschrei und Fiedelbogen.

**Alter Bauer:**

Herr Doktor, das ist schön von Euch,
Daß Ihr uns heute nicht verschmäht,
Und unter dieses Volksgedräng,
Als ein so Hochgelahrter, geht.
So nehmet auch den schönsten Krug,
Den wir mit frischem Trunk gefüllt,
Ich bring ihn zu und wünsche laut,
Daß er nicht nur den Durst Euch stillt:
Die Zahl der Tropfen, die er hegt,
Sei Euren Tagen zugelegt.

**Faust:**

Ich nehme den Erquickungstrank
Erwidr' euch allen Heil und Dank.

*(Das Volk sammelt sich im Kreis umher.)*

**Alter Bauer:**

Fürwahr, es ist sehr wohl getan,
Daß Ihr am frohen Tag erscheint;
Habt Ihr es vormals doch mit uns
An bösen Tagen gut gemeint!
Gar mancher steht lebendig hier

Den Euer Vater noch zuletzt
Der heißen Fieberwut entriß,
Als er der Seuche Ziel gesetzt.
Auch damals Ihr, ein junger Mann,
Ihr gingt in jedes Krankenhaus,
Gar manche Leiche trug man fort,
Ihr aber kamt gesund heraus,
Bestandet manche harte Proben;
Dem Helfer half der Helfer droben.

**Alle:**

Gesundheit dem bewährten Mann,
Daß er noch lange helfen kann!

**Faust:**

Vor jenem droben steht gebückt,
Der helfen lehrt und Hülfe schickt.

*Er geht mit Wagnern weiter.*

**Wagner:**

Welch ein Gefühl mußt du, o großer Mann,
Bei der Verehrung dieser Menge haben!
O glücklich, wer von seinen Gaben
Solch einen Vorteil ziehen kann!
Der Vater zeigt dich seinem Knaben,
Ein jeder fragt und drängt und eilt,
Die Fiedel stockt, der Tänzer weilt.
Du gehst, in Reihen stehen sie,
Die Mützen fliegen in die Höh;
Und wenig fehlt, so beugten sich die Knie,
Als käm das Venerabile.

**Faust:**

Nur wenig Schritte noch hinauf zu jenem Stein,
Hier wollen wir von unsrer Wandrung rasten.
Hier saß ich oft gedankenvoll allein
Und quälte mich mit Beten und mit Fasten.

An Hoffnung reich, im Glauben fest,
Mit Tränen, Seufzen, Händeringen
Dacht ich das Ende jener Pest
Vom Herrn des Himmels zu erzwingen.
Der Menge Beifall tönt mir nun wie Hohn.
O könntest du in meinem Innern lesen,
Wie wenig Vater und Sohn
Solch eines Ruhmes wert gewesen!
Mein Vater war ein dunkler Ehrenmann,
Der über die Natur und ihre heil'gen Kreise
In Redlichkeit, jedoch auf seine Weise,
Mit grillenhafter Mühe sann;
Der, in Gesellschaft von Adepten,
Sich in die schwarze Küche schloß,
Und, nach unendlichen Rezepten,
Das Widrige zusammengoß.
Da ward ein roter Leu, ein kühner Freier,
Im lauen Bad der Lilie vermählt,
Und beide dann mit offnem Flammenfeuer
Aus einem Brautgemach ins andere gequält.
Erschien darauf mit bunten Farben
Die junge Königin im Glas,
Hier war die Arzenei, die Patienten starben,
Und niemand fragte: wer genas?
So haben wir mit höllischen Latwergen
In diesen Tälern, diesen Bergen
Weit schlimmer als die Pest getobt.
Ich habe selbst den Gift an Tausende gegeben:
Sie welkten hin, ich muß erleben,
Daß man die frechen Mörder lobt.

**Wagner:**

Wie könnt Ihr Euch darum betrüben!
Tut nicht ein braver Mann genug,
Die Kunst, die man ihm übertrug,
Gewissenhaft und pünktlich auszuüben?
Wenn du als Jüngling deinen Vater ehrst,

So wirst du gern von ihm empfangen;
Wenn du als Mann die Wissenschaft vermehrst,
So kann dein Sohn zu höhrem Ziel gelangen.

**Faust:**

O glücklich, wer noch hoffen kann,
Aus diesem Meer des Irrtums aufzutauchen!
Was man nicht weiß, das eben brauchte man,
Und was man weiß, kann man nicht brauchen.
Doch laß uns dieser Stunde schönes Gut
Durch solchen Trübsinn nicht verkümmern!
Betrachte, wie in Abendsonne-Glut
Die grünumgebnen Hütten schimmern.
Sie rückt und weicht, der Tag ist überlebt,
Dort eilt sie hin und fördert neues Leben.
O daß kein Flügel mich vom Boden hebt
Ihr nach und immer nach zu streben!
Ich säh im ewigen Abendstrahl
Die stille Welt zu meinen Füßen,
Entzündet alle Höhn beruhigt jedes Tal,
Den Silberbach in goldne Ströme fließen.
Nicht hemmte dann den göttergleichen Lauf
Der wilde Berg mit allen seinen Schluchten;
Schon tut das Meer sich mit erwärmten Buchten
Vor den erstaunten Augen auf.
Doch scheint die Göttin endlich wegzusinken;
Allein der neue Trieb erwacht,
Ich eile fort, ihr ew'ges Licht zu trinken,
Vor mir den Tag und hinter mir die Nacht,
Den Himmel über mir und unter mir die Wellen.
Ein schöner Traum, indessen sie entweicht.
Ach! zu des Geistes Flügeln wird so leicht
Kein körperlicher Flügel sich gesellen.
Doch ist es jedem eingeboren
Daß sein Gefühl hinauf und vorwärts dringt,
Wenn über uns, im blauen Raum verloren,
Ihr schmetternd Lied die Lerche singt;

Wenn über schroffen Fichtenhöhen
Der Adler ausgebreitet schwebt,
Und über Flächen, über Seen
Der Kranich nach der Heimat strebt.

**Wagner:**

Ich hatte selbst oft grillenhafte Stunden,
Doch solchen Trieb hab ich noch nie empfunden.
Man sieht sich leicht an Wald und Feldern satt;
Des Vogels Fittich werd ich nie beneiden.
Wie anders tragen uns die Geistesfreuden
Von Buch zu Buch, von Blatt zu Blatt!
Da werden Winternächte hold und schön
Ein selig Leben wärmet alle Glieder,
Und ach! entrollst du gar ein würdig Pergamen,
So steigt der ganze Himmel zu dir nieder.

**Faust:**

Du bist dir nur des einen Triebs bewußt,
O lerne nie den andern kennen!
Zwei Seelen wohnen, ach! in meiner Brust,
Die eine will sich von der andern trennen;
Die eine hält, in derber Liebeslust,
Sich an die Welt mit klammernden Organen;
Die andre hebt gewaltsam sich vom Dust
Zu den Gefilden hoher Ahnen.
O gibt es Geister in der Luft,
Die zwischen Erd und Himmel herrschend weben
So steiget nieder aus dem goldnen Duft
Und führt mich weg zu neuem, buntem Leben!
Ja, wäre nur ein Zaubermantel mein,
Und trüg er mich in fremde Länder!
Mir sollt er um die köstlichsten Gewänder,
Nicht feil um einen Königsmantel sein.

**Wagner:**

Berufe nicht die wohlbekannte Schar,
Die strömend sich im Dunstkreis überbreitet,
Dem Menschen tausendfältige Gefahr,
Von allen Enden her, bereitet.
Von Norden dringt der scharfe Geisterzahn
Auf dich herbei, mit pfeilgespitzten Zungen;
Von Morgen ziehn, vertrocknend, sie heran,
Und nähren sich von deinen Lungen;
Wenn sie der Mittag aus der Wüste schickt,
Die Glut auf Glut um deinen Scheitel häufen
So bringt der West den Schwarm, der erst erquickt,
Um dich und Feld und Aue zu ersäufen.
Sie hören gern, zum Schaden froh gewandt,
Gehorchen gern, weil sie uns gern betrügen;
Sie stellen wie vom Himmel sich gesandt,
Und lispeln englisch, wenn sie lügen.
Doch gehen wir! Ergraut ist schon die Welt,
Die Luft gekühlt, der Nebel fällt!
Am Abend schätzt man erst das Haus. –
Was stehst du so und blickst erstaunt hinaus?
Was kann dich in der Dämmrung so ergreifen?

**Faust:**

Siehst du den schwarzen Hund durch Saat und Stoppel streifen?

**Wagner:**

Ich sah ihn lange schon, nicht wichtig schien er mir.

**Faust:**

Betracht ihn recht! für was hältst du das Tier?

**Wagner:**

Für einen Pudel, der auf seine Weise
Sich auf der Spur des Herren plagt.

**Faust:**

Bemerkst du, wie in weitem Schneckenkreise
Er um uns her und immer näher jagt?
Und irr ich nicht, so zieht ein Feuerstrudel
Auf seinen Pfaden hinterdrein.

**Wagner:**

Ich sehe nichts als einen schwarzen Pudel;
Es mag bei Euch wohl Augentäuschung sein.

**Faust:**

Mir scheint es, daß er magisch leise Schlingen
Zu künft'gem Band um unsre Füße zieht.

**Wagner:**

Ich seh ihn ungewiß und furchtsam uns umspringen,
Weil er, statt seines Herrn, zwei Unbekannte sieht.

**Faust:**

Der Kreis wird eng, schon ist er nah!

**Wagner:**

Du siehst! ein Hund, und kein Gespenst ist da.
Er knurrt und zweifelt, legt sich auf den Bauch,
Er wedelt. Alles Hundebrauch.

**Faust:**

Geselle dich zu uns! Komm hier!

**Wagner:**

Es ist ein pudelnärrisch Tier.
Du stehest still, er wartet auf;
Du sprichst ihn an, er strebt an dir hinauf;
Verliere was, er wird es bringen,
Nach deinem Stock ins Wasser springen.

**Faust:**

Du hast wohl recht; ich finde nicht die Spur
Von einem Geist, und alles ist Dressur.

**Wagner:**

Dem Hunde, wenn er gut gezogen,
Wird selbst ein weiser Mann gewogen.
Ja, deine Gunst verdient er ganz und gar,
Er, der Studenten trefflicher Skolar.

*(Sie gehen in das Stadttor.)*

## Studierzimmer

***Faust mit dem Pudel hereintretend.***

**Faust:**

Verlassen hab ich Feld und Auen,
Die eine tiefe Nacht bedeckt,
Mit ahnungsvollem, heil'gem Grauen
In uns die beßre Seele weckt.
Entschlafen sind nun wilde Triebe
Mit jedem ungestümen Tun;
Es reget sich die Menschenliebe,
Die Liebe Gottes regt sich nun.

Sei ruhig, Pudel! renne nicht hin und wider!
An der Schwelle was schnoperst du hier?
Lege dich hinter den Ofen nieder,
Mein bestes Kissen geb ich dir.
Wie du draußen auf dem bergigen Wege
Durch Rennen und Springen ergetzt uns hast,
So nimm nun auch von mir die Pflege,
Als ein willkommner stiller Gast.

Ach wenn in unsrer engen Zelle
Die Lampe freundlich wieder brennt,

Dann wird's in unserm Busen helle,
Im Herzen, das sich selber kennt.
Vernunft fängt wieder an zu sprechen,
Und Hoffnung wieder an zu blühn,
Man sehnt sich nach des Lebens Bächen,
Ach! nach des Lebens Quelle hin.

Knurre nicht, Pudel! Zu den heiligen Tönen,
Die jetzt meine ganze Seel umfassen,
Will der tierische Laut nicht passen.
Wir sind gewohnt, daß die Menschen verhöhnen,
Was sie nicht verstehn,
Daß sie vor dem Guten und Schönen,
Das ihnen oft beschwerlich ist, murren;
Will es der Hund, wie sie, beknurren?

Aber ach! schon fühl ich, bei dem besten Willen,
Befriedigung nicht mehr aus dem Busen quillen.
Aber warum muß der Strom so bald versiegen,
Und wir wieder im Durste liegen?
Davon hab ich so viel Erfahrung.
Doch dieser Mangel läßt sich ersetzen,
Wir lernen das Überirdische schätzen,
Wir sehnen uns nach Offenbarung,
Die nirgends würd'ger und schöner brennt
Als in dem Neuen Testament.
Mich drängt's, den Grundtext aufzuschlagen,
Mit redlichem Gefühl einmal
Das heilige Original
In mein geliebtes Deutsch zu übertragen,

*(Er schlägt ein Volum auf und schickt sich an.)*

Geschrieben steht: „Im Anfang war das Wort!"
Hier stock ich schon! Wer hilft mir weiter fort?
Ich kann das Wort so hoch unmöglich schätzen,
Ich muß es anders übersetzen,
Wenn ich vom Geiste recht erleuchtet bin.
Geschrieben steht: Im Anfang war der *Sinn*.

Bedenke wohl die erste Zeile,
Daß deine Feder sich nicht übereile!
Ist es der *Sinn*, der alles wirkt und schafft?
Es sollte stehn: Im Anfang war die *Kraft*!
Doch, auch indem ich dieses niederschreibe,
Schon warnt mich was, daß ich dabei nicht bleibe.
Mir hilft der Geist! Auf einmal seh ich Rat
Und schreibe getrost: Im Anfang war die *Tat*!

Soll ich mit dir das Zimmer teilen,
Pudel, so laß das Heulen,
So laß das Bellen!
Solch einen störenden Gesellen
Mag ich nicht in der Nähe leiden.
Einer von uns beiden
Muß die Zelle meiden.
Ungern heb ich das Gastrecht auf,
Die Tür ist offen, hast freien Lauf.
Aber was muß ich sehen!
Kann das natürlich geschehen?
Ist es Schatten? ist's Wirklichkeit?
Wie wird mein Pudel lang und breit!
Er hebt sich mit Gewalt,
Das ist nicht eines Hundes Gestalt!
Welch ein Gespenst bracht ich ins Haus!
Schon sieht er wie ein Nilpferd aus,
Mit feurigen Augen, schrecklichem Gebiß.
Oh! du bist mir gewiß!
Für solche halbe Höllenbrut
Ist Salomonis Schlüssel gut.

**Geister** *(auf dem Gange)*:

Drinnen gefangen ist einer!
Bleibet haußen, folg ihm keiner!
Wie im Eisen der Fuchs,
Zagt ein alter Höllenluchs.
Aber gebt acht!

Schwebet hin, schwebet wider,
Auf und nieder,
Und er hat sich losgemacht.
Könnt ihr ihm nützen,
Laßt ihn nicht sitzen!
Denn er tat uns allen
Schon viel zu Gefallen.

**Faust:**

Erst zu begegnen dem Tiere,
brauch ich den Spruch der Viere:
Salamander soll glühen,
Undene sich winden,
Sylphe verschwinden,
Kobold sich mühen.

Wer sie nicht kennte
Die Elemente,
Ihre Kraft
Und Eigenschaft,
Wäre kein Meister
Über die Geister.

Verschwind in Flammen,
Salamander!
Rauschend fließe zusammen,
Undene!
Leucht in Meteoren –Schöne,
Sylphe!
Bring häusliche Hülfe,
Incubus! Incubus!
Tritt hervor und mache den Schluß!

Keines der Viere
Steckt in dem Tiere.
Es liegt ganz ruhig und grinst mich an;
Ich hab ihm noch nicht weh getan.

Du sollst mich hören
Stärker beschwören.

Bist du, Geselle
Ein Flüchtling der Hölle?
So sieh dies Zeichen
Dem sie sich beugen,
Die schwarzen Scharen!

Schon schwillt es auf mit borstigen Haaren.
Verworfnes Wesen!
Kannst du ihn lesen?
Den nie Entsproßnen,
Unausgesprochnen,
Durch alle Himmel Gegoßnen,
Freventlich Durchstochnen?

Hinter den Ofen gebannt,
Schwillt es wie ein Elefant
Den ganzen Raum füllt es an,
Es will zum Nebel zerfließen.
Steige nicht zur Decke hinan!
Lege dich zu des Meisters Füßen!
Du siehst, daß ich nicht vergebens drohe.
Ich versenge dich mit heiliger Lohe!
Erwarte nicht
Das dreimal glühende Licht!
Erwarte nicht
Die stärkste von meinen Künsten!

*Mephistopheles tritt, indem der Nebel fällt, gekleidet wie ein fahrender Scholastikus, hinter dem Ofen hervor.*

**Mephistopheles:**

Wozu der Lärm? was steht dem Herrn zu Diensten?

**Faust:**

Das also war des Pudels Kern!
Ein fahrender Skolast? Der Kasus macht mich lachen.

**Mephistopheles:**

Ich salutiere den gelehrten Herrn!
Ihr habt mich weidlich schwitzen machen.

**Faust:**

Wie nennst du dich?

**Mephistopheles:**

Die Frage scheint mir klein
Für einen, der das Wort so sehr verachtet,
Der, weit entfernt von allem Schein,
Nur in der Wesen Tiefe trachtet.

**Faust:**

Bei euch, ihr Herrn, kann man das Wesen
Gewöhnlich aus dem Namen lesen,
Wo es sich allzu deutlich weist,
Wenn man euch Fliegengott, Verderber, Lügner heißt.
Nun gut, wer bist du denn?

**Mephistopheles:**

Ein Teil von jener Kraft,
Die stets das Böse will und stets das Gute schafft.

**Faust:**

Was ist mit diesem Rätselwort gemeint?

**Mephistopheles:**

Ich bin der Geist, der stets verneint!
Und das mit Recht; denn alles, was entsteht,
Ist wert, daß es zugrunde geht;
Drum besser wär's, daß nichts entstünde.
So ist denn alles, was ihr Sünde,
Zerstörung, kurz, das Böse nennt,
Mein eigentliches Element.

**Faust:**

Du nennst dich einen Teil, und stehst doch ganz vor mir?

**Mephistopheles:**

Bescheidne Wahrheit sprech ich dir.
Wenn sich der Mensch, die kleine Narrenwelt
Gewöhnlich für ein Ganzes hält –
Ich bin ein Teil des Teils, der anfangs alles war
Ein Teil der Finsternis, die sich das Licht gebar
Das stolze Licht, das nun der Mutter Nacht
Den alten Rang, den Raum ihr streitig macht,
Und doch gelingt's ihm nicht, da es, so viel es strebt,
Verhaftet an den Körpern klebt.
Von Körpern strömt's, die Körper macht es schön,
Ein Körper hemmt's auf seinem Gange;
So, hoff ich, dauert es nicht lange,
Und mit den Körpern wird's zugrunde gehn.

**Faust:**

Nun kenn ich deine würd'gen Pflichten!
Du kannst im Großen nichts vernichten
Und fängst es nun im Kleinen an.

**Mephistopheles:**

Und freilich ist nicht viel damit getan.
Was sich dem Nichts entgegenstellt,
Das Etwas, diese plumpe Welt
So viel als ich schon unternommen
Ich wußte nicht ihr beizukommen
Mit Wellen, Stürmen, Schütteln, Brand –
Geruhig bleibt am Ende Meer und Land!
Und dem verdammten Zeug, der Tier- und Menschenbrut,
Dem ist nun gar nichts anzuhaben:
Wie viele hab ich schon begraben!
Und immer zirkuliert ein neues, frisches Blut.
So geht es fort, man möchte rasend werden!
Der Luft, dem Wasser wie der Erden

Entwinden tausend Keime sich,
Im Trocknen, Feuchten, Warmen, Kalten!
Hätt ich mir nicht die Flamme vorbehalten,
Ich hätte nichts Aparts für mich.

**Faust:**

So setzest du der ewig regen,
Der heilsam schaffenden Gewalt
Die kalte TeufelsFaust entgegen,
Die sich vergebens tückisch ballt!
Was anders suche zu beginnen
Des Chaos wunderlicher Sohn!

**Mephistopheles:**

Wir wollen wirklich uns besinnen,
Die nächsten Male mehr davon!
Dürft ich wohl diesmal mich entfernen?

**Faust:**

Ich sehe nicht, warum du fragst.
Ich habe jetzt dich kennen lernen
Besuche nun mich, wie du magst.
Hier ist das Fenster, hier die Türe,
Ein Rauchfang ist dir auch gewiß.

**Mephistopheles:**

Gesteh ich's nur! daß ich hinausspaziere,
Verbietet mir ein kleines Hindernis,
Der Drudenfuß auf Eurer Schwelle –

**Faust:**

Das Pentagramma macht dir Pein?
Ei sage mir, du Sohn der Hölle,
Wenn das dich bannt, wie kamst du denn herein?
Wie ward ein solcher Geist betrogen?

**Mephistopheles:**

Beschaut es recht! es ist nicht gut gezogen:
Der eine Winkel, der nach außen zu,
Ist, wie du siehst, ein wenig offen.

**Faust:**

Das hat der Zufall gut getroffen!
Und mein Gefangner wärst denn du?
Das ist von ungefähr gelungen!

**Mephistopheles:**

Der Pudel merkte nichts, als er hereingesprungen,
Die Sache sieht jetzt anders aus:
Der Teufel kann nicht aus dem Haus.

**Faust:**

Doch warum gehst du nicht durchs Fenster?

**Mephistopheles:**

's ist ein Gesetz der Teufel und Gespenster:
Wo sie hereingeschlüpft, da müssen sie hinaus.
Das erste steht uns frei, beim zweiten sind wir Knechte.

**Faust:**

Die Hölle selbst hat ihre Rechte?
Das find ich gut, da ließe sich ein Pakt,
Und sicher wohl, mit euch, ihr Herren, schließen?

**Mephistopheles:**

Was man verspricht, das sollst du rein genießen,
Dir wird davon nichts abgezwackt.
Doch das ist nicht so kurz zu fassen,
Und wir besprechen das zunächst
Doch jetzo bitt ich, hoch und höchst,
Für dieses Mal mich zu entlassen.

**Faust:**

So bleibe doch noch einen Augenblick,
Um mir erst gute Mär zu sagen.

**Mephistopheles:**

Jetzt laß mich los! ich komme bald zurück;
Dann magst du nach Belieben fragen.

**Faust:**

Ich habe dir nicht nachgestellt,
Bist du doch selbst ins Garn gegangen.
Den Teufel halte, wer ihn hält!
Er wird ihn nicht so bald zum zweiten Male fangen.

**Mephistopheles:**

Wenn dir's beliebt, so bin ich auch bereit,
Dir zur Gesellschaft hier zu bleiben;
Doch mit Bedingnis, dir die Zeit
Durch meine Künste würdig zu vertreiben.

**Faust:**

Ich seh es gern, das steht dir frei;
Nur daß die Kunst gefällig sei!

**Mephistopheles:**

Du wirst, mein Freund, für deine Sinnen
In dieser Stunde mehr gewinnen
Als in des Jahres Einerlei.
Was dir die zarten Geister singen,
Die schönen Bilder, die sie bringen,
Sind nicht ein leeres Zauberspiel.
Auch dein Geruch wird sich ergetzen,
Dann wirst du deinen Gaumen letzen,
Und dann entzückt sich dein Gefühl.
Bereitung braucht es nicht voran,
Beisammen sind wir, fanget an!

**Geister:**

Schwindet, ihr dunkeln
Wölbungen droben!
Reizender schaue
Freundlich der blaue
Äther herein!
Wären die dunkeln
Wolken zerronnen!
Sternelein funkeln,
Mildere Sonnen
Scheinen darein.
Himmlischer Söhne
Geistige Schöne,
Schwankende Beugung
Schwebet vorüber.
Sehnende Neigung
Folget hinüber;
Und der Gewänder
Flatternde Bänder
Decken die Länder,
Decken die Laube,
Wo sich fürs Leben,
Tief in Gedanken,
Liebende geben.
Laube bei Laube!
Sprossende Ranken!
Lastende Traube
Stürzt ins Behälter
Drängender Kelter,
Stürzen in Bächen
Schäumende Weine,
Rieseln durch reine,
Edle Gesteine,
Lassen die Höhen
Hinter sich liegen,
Breiten zu Seen

Sich ums Genüge
Grünender Hügel.
Und das Geflügel
Schlürfet sich Wonne,
Flieget der Sonne,
Flieget den hellen
Inseln entgegen,
Die sich auf Wellen
Gauklend bewegen;
Wo wir in Chören
Jauchzende hören,
Über den Auen
Tanzende schauen,
Die sich im Freien
Alle zerstreuen.
Einige klimmen
Über die Höhen,
Andere schwimmen
Über die Seen,
Andere schweben;
Alle zum Leben,
Alle zur Ferne
Liebender Sterne,
Seliger Huld.

**Mephistopheles:**

Er schläft! So recht, ihr luft'gen zarten Jungen!
Ihr habt ihn treulich eingesungen!
Für dies Konzert bin ich in eurer Schuld.
Du bist noch nicht der Mann, den Teufel festzuhalten!
Umgaukelt ihn mit süßen Traumgestalten,
Versenkt ihn in ein Meer des Wahns;
Doch dieser Schwelle Zauber zu zerspalten,
Bedarf ich eines Rattenzahns.
Nicht lange brauch ich zu beschwören,
Schon raschelt eine hier und wird sogleich mich hören.

Der Herr der Ratten und der Mäuse,
Der Fliegen, Frösche, Wanzen, Läuse
Befiehlt dir, dich hervor zu wagen
Und diese Schwelle zu benagen,
So wie er sie mit Öl betupft –
Da kommst du schon hervorgehupft!
Nur frisch ans Werk! Die Spitze, die mich bannte,
Sie sitzt ganz vornen an der Kante.
Noch einen Biß, so ist's geschehn. –
Nun, Fauste, träume fort, bis wir uns wiedersehn.

**Faust** *(erwachend)*:

Bin ich denn abermals betrogen?
Verschwindet so der geisterreiche Drang
Daß mir ein Traum den Teufel vorgelogen,
Und daß ein Pudel mir entsprang?

## Studierzimmer

***Faust. Mephistopheles.***

**Faust:**

Es klopft? Herein! Wer will mich wieder plagen?

**Mephistopheles:**

Ich bin's.

**Faust:**

Herein!

**Mephistopheles:**

Du mußt es dreimal sagen.

**Faust:**

Herein denn!

**Mephistopheles:**

So gefällst du mir.
Wir werden, hoff ich, uns vertragen;
Denn dir die Grillen zu verjagen,
Bin ich als edler Junker hier,
In rotem, goldverbrämtem Kleide,
Das Mäntelchen von starrer Seide,
Die Hahnenfeder auf dem Hut,
Mit einem langen, spitzen Degen,
Und rate nun dir, kurz und gut,
Dergleichen gleichfalls anzulegen;
Damit du, losgebunden, frei,
Erfahrest, was das Leben sei.

**Faust:**

In jedem Kleide werd ich wohl die Pein
Des engen Erdelebens fühlen.
Ich bin zu alt, um nur zu spielen,
Zu jung, um ohne Wunsch zu sein.
Was kann die Welt mir wohl gewähren?
Entbehren sollst du! sollst entbehren!
Das ist der ewige Gesang,
Der jedem an die Ohren klingt,
Den, unser ganzes Leben lang,
Uns heiser jede Stunde singt.
Nur mit Entsetzen wach ich morgens auf,
Ich möchte bittre Tränen weinen,
Den Tag zu sehn, der mir in seinem Lauf
Nicht *einen* Wunsch erfüllen wird, nicht *einen*,
Der selbst die Ahnung jeder Lust
Mit eigensinnigem Krittel mindert,
Die Schöpfung meiner regen Brust
Mit tausend Lebensfratzen hindert.
Auch muß ich, wenn die Nacht sich niedersenkt,
Mich ängstlich auf das Lager strecken;
Auch da wird keine Rast geschenkt,

Mich werden wilde Träume schrecken.
Der Gott, der mir im Busen wohnt,
Kann tief mein Innerstes erregen;
Der über allen meinen Kräften thront,
Er kann nach außen nichts bewegen;
Und so ist mir das Dasein eine Last,
Der Tod erwünscht, das Leben mir verhaßt.

**Mephistopheles:**

Und doch ist nie der Tod ein ganz willkommner Gast.

**Faust:**

O selig der, dem er im Siegesglanze
Die blut'gen Lorbeern um die Schläfe windet,
Den er, nach rasch durchrastem Tanze,
In eines Mädchens Armen findet!
O wär ich vor des hohen Geistes Kraft
Entzückt, entseelt dahin gesunken!

**Mephistopheles:**

Und doch hat jemand einen braunen Saft,
In jener Nacht, nicht ausgetrunken.

**Faust:**

Das Spionieren, scheint's, ist deine Lust.

**Mephistopheles:**

Allwissend bin ich nicht; doch viel ist mir bewußt.

**Faust:**

Wenn aus dem schrecklichen Gewühle
Ein süß bekannter Ton mich zog,
Den Rest von kindlichem Gefühle
Mit Anklang froher Zeit betrog,
So fluch ich allem, was die Seele
Mit Lock- und Gaukelwerk umspannt,
Und sie in diese Trauerhöhle

Mit Blend- und Schmeichelkräften bannt!
Verflucht voraus die hohe Meinung
Womit der Geist sich selbst umfängt!
Verflucht das Blenden der Erscheinung,
Die sich an unsre Sinne drängt!
Verflucht, was uns in Träumen heuchelt
Des Ruhms, der Namensdauer Trug!
Verflucht, was als Besitz uns schmeichelt,
Als Weib und Kind, als Knecht und Pflug!
Verflucht sei Mammon, wenn mit Schätzen
Er uns zu kühnen Taten regt,
Wenn er zu müßigem Ergetzen
Die Polster uns zurechte legt!
Fluch sei dem Balsamsaft der Trauben!
Fluch jener höchsten Liebeshuld!
Fluch sei der Hoffnung! Fluch dem Glauben,
Und Fluch vor allen der Geduld!

**Geister, Chor** *(unsichtbar)* :

Weh! weh!
Du hast sie zerstört
Die schöne Welt,
Mit mächtiger Faust;
Sie stürzt, sie zerfällt!
Ein Halbgott hat sie zerschlagen!
Wir tragen
Die Trümmern ins Nichts hinüber,
Und klagen
Über die verlorne Schöne.
Mächtiger
Der Erdensöhne,
Prächtiger
Baue sie wieder,
In deinem Busen baue sie auf!
Neuen Lebenslauf
Beginne,
Mit hellem Sinne,

Und neue Lieder
Tönen darauf!

**Mephistopheles:**

Dies sind die Kleinen
Von den Meinen.
Höre, wie zu Lust und Taten
Altklug sie raten!
In die Welt weit,
Aus der Einsamkeit
Wo Sinnen und Säfte stocken,
Wollen sie dich locken.

Hör auf, mit deinem Gram zu spielen,
Der, wie ein Geier, dir am Leben frißt;
Die schlechteste Gesellschaft läßt dich fühlen,
Daß du ein Mensch mit Menschen bist.
Doch so ist's nicht gemeint
Dich unter das Pack zu stoßen.
Ich bin keiner von den Großen;
Doch willst du, mit mir vereint,
Deine Schritte durchs Leben nehmen,
So will ich mich gern bequemen,
Dein zu sein, auf der Stelle.
Ich bin dein Geselle,
Und mach ich dir's recht,
Bin ich dein Diener, bin dein Knecht!

**Faust:**

Und was soll ich dagegen dir erfüllen?

**Mephistopheles:**

Dazu hast du noch eine lange Frist.

**Faust:**

Nein, nein! der Teufel ist ein Egoist
Und tut nicht leicht um Gottes willen,
Was einem andern nützlich ist.

Sprich die Bedingung deutlich aus;
Ein solcher Diener bringt Gefahr ins Haus.

**Mephistopheles:**

Ich will mich *hier* zu deinem Dienst verbinden,
Auf deinen Wink nicht rasten und nicht ruhn;
Wenn wir uns *drüben* wiederfinden,
So sollst du mir das gleiche tun.

**Faust:**

Das Drüben kann mich wenig kümmern;
Schlägst du erst diese Welt zu Trümmern,
Die andre mag darnach entstehn.
Aus dieser Erde quillen meine Freuden,
Und diese Sonne scheinet meinen Leiden;
Kann ich mich erst von ihnen scheiden,
Dann mag, was will und kann, geschehn.
Davon will ich nichts weiter hören,
Ob man auch künftig haßt und liebt,
Und ob es auch in jenen Sphären
Ein Oben oder Unten gibt.

**Mephistopheles:**

In diesem Sinne kannst du's wagen.
Verbinde dich; du sollst, in diesen Tagen,
Mit Freuden meine Künste sehn,
Ich gebe dir, was noch kein Mensch gesehn.

**Faust:**

Was willst du armer Teufel geben?
Ward eines Menschen Geist, in seinem hohen Streben,
Von deinesgleichen je gefaßt?
Doch hast du Speise, die nicht sättigt, hast
Du rotes Gold, das ohne Rast,
Quecksilber gleich, dir in der Hand zerrinnt,
Ein Spiel, bei dem man nie gewinnt,
Ein Mädchen, das an meiner Brust

Mit Äugeln schon dem Nachbar sich verbindet,
Der Ehre schöne Götterlust,
Die, wie ein Meteor, verschwindet?
Zeig mir die Frucht, die fault, eh man sie bricht,
Und Bäume, die sich täglich neu begrünen!

**Mephistopheles:**

Ein solcher Auftrag schreckt mich nicht,
Mit solchen Schätzen kann ich dienen.
Doch, guter Freund, die Zeit kommt auch heran,
Wo wir was Guts in Ruhe schmausen mögen.

**Faust:**

Werd ich beruhigt je mich auf ein Faulbett legen,
So sei es gleich um mich getan!
Kannst du mich schmeichelnd je belügen,
Daß ich mir selbst gefallen mag,
Kannst du mich mit Genuß betrügen –
Das sei für mich der letzte Tag!
Die Wette biet ich!

**Mephistopheles:**

Topp!

**Faust:**

Und Schlag auf Schlag!
Werd ich zum Augenblicke sagen:
Verweile doch! du bist so schön!
Dann magst du mich in Fesseln schlagen,
Dann will ich gern zugrunde gehn!
Dann mag die Totenglocke schallen,
Dann bist du deines Dienstes frei,
Die Uhr mag stehn, der Zeiger fallen,
Es sei die Zeit für mich vorbei!

**Mephistopheles:**

Bedenk es wohl, wir werden's nicht vergessen.

**Faust:**

Dazu hast du ein volles Recht;
Ich habe mich nicht freventlich vermessen.
Wie ich beharre, bin ich Knecht,
Ob dein, was frag ich, oder wessen.

**Mephistopheles:**

Ich werde heute gleich, beim Doktorschmaus,
Als Diener meine Pflicht erfüllen.
Nur eins! – Um Lebens oder Sterbens willen
Bitt ich mir ein paar Zeilen aus.

**Faust:**

Auch was Geschriebnes forderst du Pedant?
Hast du noch keinen Mann, nicht Manneswort gekannt?
Ist's nicht genug, daß mein gesprochnes Wort
Auf ewig soll mit meinen Tagen schalten?
Rast nicht die Welt in allen Strömen fort,
Und mich soll ein Versprechen halten?
Doch dieser Wahn ist uns ins Herz gelegt,
Wer mag sich gern davon befreien?
Beglückt, wer Treue rein im Busen trägt,
Kein Opfer wird ihn je gereuen!
Allein ein Pergament, beschrieben und beprägt,
Ist ein Gespenst, vor dem sich alle scheuen.
Das Wort erstirbt schon in der Feder,
Die Herrschaft führen Wachs und Leder.
Was willst du böser Geist von mir?
Erz, Marmor, Pergament, Papier?
Soll ich mit Griffel, Meißel, Feder schreiben?
Ich gebe jede Wahl dir frei.

**Mephistopheles:**

Wie magst du deine Rednerei
Nur gleich so hitzig übertreiben?
Ist doch ein jedes Blättchen gut.
Du unterzeichnest dich mit einem Tröpfchen Blut.

**Faust:**

Wenn dies dir völlig Gnüge tut,
So mag es bei der Fratze bleiben.

**Mephistopheles:**

Blut ist ein ganz besondrer Saft.

**Faust:**

Nur keine Furcht, daß ich dies Bündnis breche!
Das Streben meiner ganzen Kraft
Ist grade das, was ich verspreche.
Ich habe mich zu hoch gebläht,
In deinen Rang gehör ich nur.
Der große Geist hat mich verschmäht,
Vor mir verschließt sich die Natur
Des Denkens Faden ist zerrissen
Mir ekelt lange vor allem Wissen.
Laß in den Tiefen der Sinnlichkeit
Uns glühende Leidenschaften stillen!
In undurchdrungnen Zauberhüllen
Sei jedes Wunder gleich bereit!
Stürzen wir uns in das Rauschen der Zeit,
Ins Rollen der Begebenheit!
Da mag denn Schmerz und Genuß,
Gelingen und Verdruß
Miteinander wechseln, wie es kann;
Nur rastlos betätigt sich der Mann.

**Mephistopheles:**

Euch ist kein Maß und Ziel gesetzt.
Beliebt's Euch, überall zu naschen,
Im Fliehen etwas zu erhaschen,
Bekomm Euch wohl, was Euch ergetzt.
Nur greift mir zu und seid nicht blöde!

**Faust:**

Du hörest ja, von Freud' ist nicht die Rede.
Dem Taumel weih ich mich, dem schmerzlichsten Genuß,
Verliebtem Haß, erquickendem Verdruß.
Mein Busen, der vom Wissensdrang geheilt ist,
Soll keinen Schmerzen künftig sich verschließen,
Und was der ganzen Menschheit zugeteilt ist,
Will ich in meinem innern Selbst genießen,
Mit meinem Geist das Höchst' und Tiefste greifen,
Ihr Wohl und Weh auf meinen Busen häufen,
Und so mein eigen Selbst zu ihrem Selbst erweitern,
Und, wie sie selbst, am End auch ich zerscheitern.

**Mephistopheles:**

O glaube mir, der manche tausend Jahre
An dieser harten Speise kaut
Daß von der Wiege bis zur Bahre
Kein Mensch den alten Sauerteig verdaut!
Glaub unsereinem, dieses Ganze
Ist nur für einen Gott gemacht!
Er findet sich in einem ew'gen Glanze
Uns hat er in die Finsternis gebracht,
Und euch taugt einzig Tag und Nacht.

**Faust:**

Allein ich will!

**Mephistopheles:**

Das läßt sich hören!
Doch nur vor *einem* ist mir bang:
Die Zeit ist kurz, die Kunst ist lang.
Ich dächt, ihr ließet Euch belehren.
Assoziiert Euch mit einem Poeten,
Laßt den Herrn in Gedanken schweifen,
Und alle edlen Qualitäten
Auf Euren Ehrenscheitel häufen,
Des Löwen Mut,

Des Hirsches Schnelligkeit,
Des Italieners feurig Blut,
Des Nordens Dau'rbarkeit.
Laßt ihn Euch das Geheimnis finden,
Großmut und Arglist zu verbinden,
Und Euch, mit warmen Jugendtrieben,
Nach einem Plane zu verlieben.
Möchte selbst solch einen Herren kennen,
Würd ihn Herrn Mikrokosmus nennen.

**Faust:**

Was bin ich denn, wenn es nicht möglich ist,
Der Menschheit Krone zu erringen,
Nach der sich alle Sinne dringen?

**Mephistopheles:**

Du bist am Ende – was du bist.
Setz dir Perücken auf von Millionen Locken,
Setz deinen Fuß auf ellenhohe Socken,
Du bleibst doch immer, was du bist.

**Faust:**

Ich fühl's, vergebens hab ich alle Schätze
Des Menschengeists auf mich herbeigerafft,
Und wenn ich mich am Ende niedersetze,
Quillt innerlich doch keine neue Kraft;
Ich bin nicht um ein Haar breit höher,
Bin dem Unendlichen nicht näher.

**Mephistopheles:**

Mein guter Herr, Ihr seht die Sachen,
Wie man die Sachen eben sieht;
Wir müssen das gescheiter machen,
Eh uns des Lebens Freude flieht.
Was Henker! freilich Händ und Füße
Und Kopf und Hintern, die sind dein;
Doch alles, was ich frisch genieße,

Ist das drum weniger mein?
Wenn ich sechs Hengste zahlen kann,
Sind ihre Kräfte nicht die meine?
Ich renne zu und bin ein rechter Mann,
Als hätt ich vierundzwanzig Beine.
Drum frisch! Laß alles Sinnen sein,
Und grad mit in die Welt hinein!
Ich sag es dir: ein Kerl, der spekuliert,
Ist wie ein Tier, auf dürrer Heide
Von einem bösen Geist im Kreis herum geführt,
Und rings umher liegt schöne grüne Weide.

**Faust:**

Wie fangen wir das an?

**Mephistopheles:**

Wir gehen eben fort.
Was ist das für ein Marterort?
Was heißt das für ein Leben führen,
Sich und die Jungens ennuyieren?
Laß du das dem Herrn Nachbar Wanst!
Was willst du dich das Stroh zu dreschen plagen?
Das Beste, was du wissen kannst,
Darfst du den Buben doch nicht sagen.
Gleich hör ich einen auf dem Gange!

**Faust:**

Mir ist's nicht möglich, ihn zu sehn.

**Mephistopheles:**

Der arme Knabe wartet lange,
Der darf nicht ungetröstet gehn.
Komm, gib mir deinen Rock und Mütze;
Die Maske muß mir köstlich stehn. *(Er kleidet sich um.)*
Nun überlaß es meinem Witze!
Ich brauche nur ein Viertelstündchen Zeit;
Indessen mache dich zur schönen Fahrt bereit!

*(Faust ab.)*

**Mephistopheles** *(in Fausts langem Kleide)*:

Verachte nur Vernunft und Wissenschaft,
Des Menschen allerhöchste Kraft,
Laß nur in Blend- und Zauberwerken
Dich von dem Lügengeist bestärken,
So hab ich dich schon unbedingt –
Ihm hat das Schicksal einen Geist gegeben,
Der ungebändigt immer vorwärts dringt,
Und dessen übereiltes Streben
Der Erde Freuden überspringt.
Den schlepp ich durch das wilde Leben,
Durch flache Unbedeutenheit,
Er soll mir zappeln, starren, kleben,
Und seiner Unersättlichkeit
Soll Speis und Trank vor gier'gen Lippen schweben;
Er wird Erquickung sich umsonst erflehn,
Und hätt er sich auch nicht dem Teufel übergeben,
Er müßte doch zugrunde gehn!

*Ein Schüler tritt auf.*

**Schüler:**

Ich bin allhier erst kurze Zeit,
Und komme voll Ergebenheit,
Einen Mann zu sprechen und zu kennen,
Den alle mir mit Ehrfucht nennen.

**Mephistopheles:**

Eure Höflichkeit erfreut mich sehr!
Ihr seht einen Mann wie andre mehr.
Habt Ihr Euch sonst schon umgetan?

**Schüler:**

Ich bitt Euch, nehmt Euch meiner an!
Ich komme mit allem guten Mut,
Leidlichem Geld und frischem Blut;

Meine Mutter wollte mich kaum entfernen;
Möchte gern was Rechts hieraußen lernen.

**Mephistopheles:**

Da seid Ihr eben recht am Ort.

**Schüler:**

Aufrichtig, möchte schon wieder fort:
In diesen Mauern, diesen Hallen
Will es mir keineswegs gefallen.
Es ist ein gar beschränkter Raum,
Man sieht nichts Grünes, keinen Baum,
Und in den Sälen, auf den Bänken,
Vergeht mir Hören, Sehn und Denken.

**Mephistopheles:**

Das kommt nur auf Gewohnheit an.
So nimmt ein Kind der Mutter Brust
Nicht gleich im Anfang willig an,
Doch bald ernährt es sich mit Lust.
So wird's Euch an der Weisheit Brüsten
Mit jedem Tage mehr gelüsten.

**Schüler:**

An ihrem Hals will ich mit Freuden hangen;
Doch sagt mir nur, wie kann ich hingelangen?

**Mephistopheles:**

Erklärt Euch, eh Ihr weiter geht,
Was wählt Ihr für eine Fakultät?

**Schüler:**

Ich wünschte recht gelehrt zu werden,
Und möchte gern, was auf der Erden
Und in dem Himmel ist, erfassen,
Die Wissenschaft und die Natur.

**Mephistopheles:**

Da seid Ihr auf der rechten Spur;
Doch müßt Ihr Euch nicht zerstreuen lassen.

**Schüler:**

Ich bin dabei mit Seel und Leib;
Doch freilich würde mir behagen
Ein wenig Freiheit und Zeitvertreib
An schönen Sommerfeiertagen.

**Mephistopheles:**

Gebraucht der Zeit, sie geht so schnell von hinnen,
Doch Ordnung lehrt Euch Zeit gewinnen.
Mein teurer Freund, ich rat Euch drum
Zuerst Collegium Logicum.
Da wird der Geist Euch wohl dressiert,
In spanische Stiefeln eingeschnürt,
Daß er bedächtiger so fortan
Hinschleiche die Gedankenbahn,
Und nicht etwa, die Kreuz und Quer,
Irrlichteliere hin und her.
Dann lehret man Euch manchen Tag,
Daß, was Ihr sonst auf einen Schlag
Getrieben, wie Essen und Trinken frei,
Eins! Zwei! Drei! dazu nötig sei.
Zwar ist's mit der Gedankenfabrik
Wie mit einem Weber-Meisterstück,
Wo *ein* Tritt tausend Fäden regt,
Die Schifflein herüber hinüber schießen,
Die Fäden ungesehen fließen,
Ein Schlag tausend Verbindungen schlägt.
Der Philosoph, der tritt herein
Und beweist Euch, es müßt so sein:
Das Erst wär so, das Zweite so,
Und drum das Dritt und Vierte so;
Und wenn das Erst und Zweit nicht wär,

Das Dritt und Viert wär nimmermehr.
Das preisen die Schüler allerorten,
Sind aber keine Weber geworden.
Wer will was Lebendigs erkennen und beschreiben,
Sucht erst den Geist heraus zu treiben,
Dann hat er die Teile in seiner Hand,
Fehlt, leider! nur das geistige Band.
Encheiresin naturae nennt's die Chemie,
Spottet ihrer selbst und weiß nicht wie.

**Schüler:**

Kann Euch nicht eben ganz verstehen.

**Mephistopheles:**

Das wird nächstens schon besser gehen,
Wenn Ihr lernt alles reduzieren
Und gehörig klassifizieren.

**Schüler:**

Mir wird von alledem so dumm,
Als ging, mir ein Mühlrad im Kopf herum.

**Mephistopheles:**

Nachher, vor allen andern Sachen,
Müßt Ihr Euch an die Metaphysik machen!
Da seht, daß Ihr tiefsinnig faßt,
Was in des Menschen Hirn nicht paßt;
Für was drein geht und nicht drein geht,
Ein prächtig Wort zu Diensten steht.
Doch vorerst dieses halbe Jahr
Nehmt ja der besten Ordnung wahr.
Fünf Stunden habt Ihr jeden Tag;
Seid drinnen mit dem Glockenschlag!
Habt Euch vorher wohl präpariert,
Paragraphos wohl einstudiert,
Damit Ihr nachher besser seht,
Daß er nichts sagt, als was im Buche steht;

Doch Euch des Schreibens ja befleißt,
Als diktiert, Euch der Heilig Geist!

**Schüler:**

Das sollt Ihr mir nicht zweimal sagen!
Ich denke mir, wie viel es nützt
Denn, was man schwarz auf weiß besitzt,
Kann man getrost nach Hause tragen.

**Mephistopheles:**

Doch wählt mir eine Fakultät!

**Schüler:**

Zur Rechtsgelehrsamkeit kann ich mich nicht bequemen.

**Mephistopheles:**

Ich kann es Euch so sehr nicht übel nehmen,
Ich weiß, wie es um diese Lehre steht.
Es erben sich Gesetz' und Rechte
Wie eine ew'ge Krankheit fort;
Sie schleppen von Geschlecht sich zum Geschlechte,
Und rücken sacht von Ort zu Ort.
Vernunft wird Unsinn, Wohltat Plage;
Weh dir, daß du ein Enkel bist!
Vom Rechte, das mit uns geboren ist,
Von dem ist, leider! nie die Frage.

**Schüler:**

Mein Abscheu wird durch Euch vermehrt.
O glücklich der, den Ihr belehrt!
Fast möcht ich nun Theologie studieren.

**Mephistopheles:**

Ich wünschte nicht, Euch irre zu führen.
Was diese Wissenschaft betrifft,
Es ist so schwer, den falschen Weg zu meiden,
Es liegt in ihr so viel verborgnes Gift,

Und von der Arzenei ist's kaum zu unterscheiden.
Am besten ist's auch hier, wenn Ihr nur einen hört,
Und auf des Meisters Worte schwört.
Im ganzen – haltet Euch an Worte!
Dann geht Ihr durch die sichre Pforte
Zum Tempel der Gewißheit ein.

**Schüler:**

Doch ein Begriff muß bei dem Worte sein.

**Mephistopheles:**

Schon gut! Nur muß man sich nicht allzu ängstlich quälen
Denn eben wo Begriffe fehlen,
Da stellt ein Wort zur rechten Zeit sich ein.
Mit Worten läßt sich trefflich streiten,
Mit Worten ein System bereiten,
An Worte läßt sich trefflich glauben,
Von einem Wort läßt sich kein Jota rauben.

**Schüler:**

Verzeiht, ich halt Euch auf mit vielen Fragen,
Allem ich muß Euch noch bemühn.
Wollt Ihr mir von der Medizin
Nicht auch ein kräftig Wörtchen sagen?
Drei Jahr ist eine kurze Zeit,
Und, Gott! das Feld ist gar zu weit.
Wenn man einen Fingerzeig nur hat,
Läßt sich's schon eher weiter fühlen.

**Mephistopheles** *(für sich)*:

Ich bin des trocknen Tons nun satt,
Muß wieder recht den Teufel spielen.
*(Laut.)* Der Geist der Medizin ist leicht zu fassen;
Ihr durchstudiert die groß, und kleine Welt,
Um es am Ende gehn zu lassen,
Wie's Gott gefällt.
Vergebens, daß Ihr ringsum wissenschaftlich schweift,

Ein jeder lernt nur, was er lernen kann;
Doch der den Augenblick ergreift,
Das ist der rechte Mann.
Ihr seid noch ziemlich wohl gebaut,
An Kühnheit wird's Euch auch nicht fehlen,
Und wenn Ihr Euch nur selbst vertraut,
Vertrauen Euch die andern Seelen.
Besonders lernt die Weiber führen;
Es ist ihr ewig Weh und Ach
So tausendfach
Aus *einem* Punkte zu kurieren,
Und wenn Ihr halbweg ehrbar tut,
Dann habt Ihr sie all unterm Hut.
Ein Titel muß sie erst vertraulich machen,
Daß Eure Kunst viel Künste übersteigt;
Zum Willkomm tappt Ihr dann nach allen Siebensachen,
Um die ein andrer viele Jahre streicht,
Versteht das Pülslein wohl zu drücken,
Und fasset sie, mit feurig schlauen Blicken,
Wohl um die schlanke Hüfte frei,
Zu sehn, wie fest geschnürt sie sei.

**Schüler:**

Das sieht schon besser aus! Man sieht doch, wo und wie.

**Mephistopheles:**

Grau, teurer Freund, ist alle Theorie,
Und grün des Lebens goldner Baum.

**Schüler:**

Ich schwör Euch zu, mir ist's als wie ein Traum.
Dürft ich Euch wohl ein andermal beschweren,
Von Eurer Weisheit auf den Grund zu hören?

**Mephistopheles:**

Was ich vermag, soll gern geschehn.

**Schüler:**

Ich kann unmöglich wieder gehn,
Ich muß Euch noch mein Stammbuch überreichen,
Gönn Eure Gunst mir dieses Zeichen!

**Mephistopheles:**

Sehr wohl.

*(Er schreibt und gibt's.)*

**Schüler** *(liest)*:

Eritis sicut Deus, scientes bonum et malum.

*(Macht's ehrerbietig zu und empfiehlt sich.)*

**Mephistopheles:**

Folg nur dem alten Spruch und meiner Muhme, der Schlange,
Dir wird gewiß einmal bei deiner Gottähnlichkeit bange!

*Faust tritt auf.*

**Faust:**

Wohin soll es nun gehn?

**Mephistopheles:**

Wohin es dir gefällt.
Wir sehn die kleine, dann die große Welt.
Mit welcher Freude, welchem Nutzen
Wirst du den Cursum durchschmarutzen!

**Faust:**

Allein bei meinem langen Bart
Fehlt mir die leichte Lebensart.
Es wird mir der Versuch nicht glücken;
Ich wußte nie mich in die Welt zu schicken.
Vor andern fühl ich mich so klein;
Ich werde stets verlegen sein.

**Mephistopheles:**

Mein guter Freund, das wird sich alles geben;

Sobald du dir vertraust, sobald weißt du zu leben.

**Faust:**

Wie kommen wir denn aus dem Haus?
Wo hast du Pferde, Knecht und Wagen?

**Mephistopheles:**

Wir breiten nur den Mantel aus,
Der soll uns durch die Lüfte tragen.
Du nimmst bei diesem kühnen Schritt
Nur keinen großen Bündel mit.
Ein bißchen Feuerluft, die ich bereiten werde,
Hebt uns behend von dieser Erde.
Und sind wir leicht, so geht es schnell hinauf;
Ich gratuliere dir zum neuen Lebenslauf!

## Auerbachs Keller in Leipzig

***Zeche lustiger Gesellen.***

**Frosch:**

Will keiner trinken? keiner lachen?
Ich will euch lehren Gesichter machen!
Ihr seid ja heut wie nasses Stroh,
Und brennt sonst immer lichterloh.

**Brandner:**

Das liegt an dir; du bringst ja nichts herbei,
Nicht eine Dummheit, keine Sauerei.

**Frosch** *(giesst ihm ein Glas Wein über den Kopf)*:

Da hast du beides!

**Brandner:**

Doppelt Schwein!

**Frosch:**

Ihr wollt es ja, man soll es sein!

**Siebel:**

Zur Tür hinaus, er sich entzweit!
Mit offner Brust singt Runda, sauft und schreit!
Auf! Holla! Ho!

**Altmayer:**

Weh mir, ich bin verloren!
Baumwolle her! der Kerl sprengt mir die Ohren.

**Siebel:**

Wenn das Gewölbe widerschallt,
Fühlt man erst recht des Basses Grundgewalt.

**Frosch:**

So recht, hinaus mit dem, der etwas übel nimmt!
A! tara lara da!

**Altmayer:**

A! tara lara da!

**Frosch:**

Die Kehlen sind gestimmt.

*(Singt.)* Das liebe Heil'ge Röm'sche Reich,
Wie hält's nur noch zusammen?

**Brandner:**

Ein garstig Lied! Pfui! ein politisch Lied
Ein leidig Lied! Dankt Gott mit jedem Morgen,
Daß ihr nicht braucht fürs Röm'sche Reich zu sorgen!
Ich halt es wenigstens für reichlichen Gewinn,
Daß ich nicht Kaiser oder Kanzler bin.

Doch muß auch uns ein Oberhaupt nicht fehlen;
Wir wollen einen Papst erwählen.
Ihr wißt, welch eine Qualität
Den Ausschlag gibt, den Mann erhöht.

**Frosch** *(singt)*:

Schwing dich auf, Frau Nachtigall,

Grüß mir mein Liebchen zehentausendmal.

**Siebel:**

Dem Liebchen keinen Gruß! ich will davon nichts hören!

**Frosch:**

Dem Liebchen Gruß und Kuß! du wirst mir's nicht verwehren!

*(Singt.)* Riegel auf! in stiller Nacht.
Riegel auf! der Liebste wacht.
Riegel zu! des Morgens früh.

**Siebel:**

Ja, singe, singe nur und lob und rühme sie!
Ich will zu meiner Zeit schon lachen.
Sie hat mich angeführt, dir wird sie's auch so machen.
Zum Liebsten sei ein Kobold ihr beschert!
Der mag mit ihr auf einem Kreuzweg schäkern;
Ein alter Bock, wenn er vom Blocksberg kehrt,
Mag im Galopp noch gute Nacht ihr meckern!
Ein braver Kerl von echtem Fleisch und Blut
Ist für die Dirne viel zu gut.
Ich will von keinem Gruße wissen,
Als ihr die Fenster eingeschmissen

**Brandner** *(auf den Tisch schlagend)*:

Paßt auf! paßt auf! Gehorchet mir!
Ihr Herrn, gesteht, ich weiß zu leben
Verliebte Leute sitzen hier,
Und diesen muß, nach Standsgebühr,

Zur guten Nacht ich was zum besten geben.
Gebt acht! Ein Lied vom neusten Schnitt!
Und singt den Rundreim kräftig mit!

*(Er singt.)* Es war eine Ratt im Kellernest,
Lebte nur von Fett und Butter,
Hatte sich ein Ränzlein angemäst't,
Als wie der Doktor Luther.
Die Köchin hatt ihr Gift gestellt;
Da ward's so eng ihr in der Welt,
Als hätte sie Lieb im Leibe.

**Chorus** *(jauchzend)*:

Als hätte sie Lieb im Leibe.

**Brandner:**

Sie fuhr herum, sie fuhr heraus,
Und soff aus allen Pfützen,
Zernagt', zerkratzt, das ganze Haus,
Wollte nichts ihr Wüten nützen;
Sie tät gar manchen Ängstesprung,
Bald hatte das arme Tier genung,
Als hätt es Lieb im Leibe.

**Chorus:**

Als hätt es Lieb im Leibe.

**Brandner:**

Sie kam vor Angst am hellen Tag
Der Küche zugelaufen,
Fiel an den Herd und zuckt, und lag,
Und tät erbärmlich schnaufen.
Da lachte die Vergifterin noch:
Ha! sie pfeift auf dem letzten Loch,
Als hätte sie Lieb im Leibe.

**Chorus:**

Als hätte sie Lieb im Leibe.

**Siebel:**

Wie sich die platten Bursche freuen!
Es ist mir eine rechte Kunst,
Den armen Ratten Gift zu streuen!

**Brandner:**

Sie stehn wohl sehr in deiner Gunst?

**Altmayer:**

Der Schmerbauch mit der kahlen Platte!
Das Unglück macht ihn zahm und mild;
Er sieht in der geschwollnen Ratte
Sein ganz natürlich Ebenbild

*Faust und Mephistopheles treten auf*

**Mephistopheles:**

Ich muß dich nun vor allen Dingen
In lustige Gesellschaft bringen,
Damit du siehst, wie leicht sich's leben läßt.
Dem Volke hier wird jeder Tag ein Fest.
Mit wenig Witz und viel Behagen
Dreht jeder sich im engen Zirkeltanz,
Wie junge Katzen mit dem Schwanz.
Wenn sie nicht über Kopfweh klagen,
So lang der Wirt nur weiter borgt,
Sind sie vergnügt und unbesorgt.

**Brandner:**

Die kommen eben von der Reise,
Man sieht's an ihrer wunderlichen Weise;
Sie sind nicht eine Stunde hier.

**Frosch:**

Wahrhaftig, du hast recht! Mein Leipzig lob ich mir!
Es ist ein klein Paris, und bildet seine Leute.

**Siebel:**

Für was siehst du die Fremden an?

**Frosch:**

Laß mich nur gehn! Bei einem vollen Glase
Zieh ich, wie einen Kinderzahn,
Den Burschen leicht die Würmer aus der Nase.
Sie scheinen mir aus einem edlen Haus,
Sie sehen stolz und unzufrieden aus.

**Brandner:**

Marktschreier sind's gewiß, ich wette!

**Altmayer:**

Vielleicht.

**Frosch:**

Gib acht, ich schraube sie!

**Mephistopheles** *(zu Faust)*:

Den Teufel spürt das Völkchen nie,
Und wenn er sie beim Kragen hätte.

**Faust:**

Seid uns gegrüßt, ihr Herrn!

**Siebel:**

Viel Dank zum Gegengruß.

*(Leise, Mephistopheles von der Seite ansehend.)*

Was hinkt der Kerl auf einem Fuß?

**Mephistopheles:**

Ist es erlaubt, uns auch zu euch zu setzen?
Statt eines guten Trunks, den man nicht haben kann
Soll die Gesellschaft uns ergetzen.

**Altmayer:**

Ihr scheint ein sehr verwöhnter Mann.

**Frosch:**

Ihr seid wohl spät von Rippach aufgebrochen?
Habt ihr mit Herren Hans noch erst zu Nacht gespeist?

**Mephistopheles:**

Heut sind wir ihn vorbeigereist!
Wir haben ihn das letztemal gesprochen.
Von seinen Vettern wußt er viel zu sagen,
Viel Grüße hat er uns an jeden aufgetragen.

*(Er neigt sich gegen Frosch.)*

**Altmayer** *(leise)*:

Da hast du's! der versteht's!

**Siebel:**

Ein pfiffiger Patron!

**Frosch:**

Nun, warte nur, ich krieg ihn schon!

**Mephistopheles:**

Wenn ich nicht irrte, hörten wir
Geübte Stimmen Chorus singen?
Gewiß, Gesang muß trefflich hier
Von dieser Wölbung widerklingen!

**Frosch:**

Seid Ihr wohrgar ein Virtuos?

**Mephistopheles:**

O nein! die Kraft ist schwach, allein die Lust ist groß.

**Altmayer:**

Gebt uns ein Lied!

**Mephistopheles:**

Wenn ihr begehrt, die Menge.

**Siebel:**

Nur auch ein nagelneues Stück!

**Mephistopheles:**

Wir kommen erst aus Spanien zurück,
Dem schönen Land des Weins und der Gesänge.

*(Singt).* Es war einmal ein König,
Der hatt einen großen Floh –

**Frosch:**

Horcht! Einen Floh! Habt ihr das wohl gefaßt?
Ein Floh ist mir ein saubrer Gast.

**Mephistopheles** *(singt)*:

Es war einmal ein König
Der hatt einen großen Floh,
Den liebt' er gar nicht wenig,
Als wie seinen eignen Sohn.
Da rief er seinen Schneider,
Der Schneider kam heran:
Da, miß dem Junker Kleider
Und miß ihm Hosen an!

**Brandner:**

Vergeßt nur nicht, dem Schneider einzuschärfen,
Daß er mir aufs genauste mißt,
Und daß, so lieb sein Kopf ihm ist,
Die Hosen keine Falten werfen!

**Mephistopheles:**

In Sammet und in Seide
War er nun angetan
Hatte Bänder auf dem Kleide,

Hatt' auch ein Kreuz daran
Und war sogleich Minister,
Und hatt' einen großen Stern.
Da wurden seine Geschwister
Bei Hof auch große Herrn.
Und Herrn und Fraun am Hofe,
Die waren sehr geplagt,
Die Königin und die Zofe
Gestochen und genagt,
Und durften sie nicht knicken,
Und weg sie jucken nicht.
Wir knicken und ersticken
Doch gleich, wenn einer sticht.

**Chorus** *(jauchzend)*:

Wir knicken und ersticken
Doch gleich, wenn einer sticht.

**Frosch:**

Bravo! Bravo! Das war schön!

**Siebel:**

So soll es jedem Floh ergehn!

**Brandner:**

Spitzt die Finger und packt sie fein!

**Altmayer:**

Es lebe die Freiheit! Es lebe der Wein!

**Mephistopheles:**

Ich tränke gern ein Glas, die Freiheit hoch zu ehren,
Wenn eure Weine nur ein bißchen besser wären.

**Siebel:**

Wir mögen das nicht wieder hören!

**Mephistopheles:**

Ich fürchte nur, der Wirt beschweret sich;
Sonst gäb ich diesen werten Gästen
Aus unserm Keller was zum besten.

**Siebel:**

Nur immer her! ich nehm's auf mich.

**Frosch:**

Schafft Ihr ein gutes Glas, so wollen wir Euch loben.
Nur gebt nicht gar zu kleine Proben
Denn wenn ich judizieren soll,
Verlang ich auch das Maul recht voll.

**Altmayer** *(leise)*:

Sie sind vom Rheine, wie ich spüre.

**Mephistopheles:**

Schafft einen Bohrer an!

**Brandner:**

Was soll mit dem geschehn?

Ihr habt doch nicht die Fässer vor der Türe?

**Altmayer:**

Dahinten hat der Wirt ein Körbchen Werkzeug stehn.

**Mephistopheles** *(nimmt den Bohrer. Zu Frosch)* :

Nun sagt, was wünschet Ihr zu schmecken?

**Frosch:**

Wie meint Ihr das? Habt Ihr so mancherlei?

**Mephistopheles:**

Ich stell es einem jeden frei.

**Altmayer** *(zu Frosch)*:

Aha! du fängst schon an, die Lippen abzulecken.

**Frosch:**

Gut! wenn ich wählen soll, so will ich Rheinwein haben.
Das Vaterland verleiht die allerbesten Gaben.

**Mephistopheles** *(indem er an dem Platz, wo Frosch sitzt, ein Loch in den Tischrand bohrt)*:

Verschafft ein wenig Wachs, die Pfropfen gleich zu machen!

**Altmayer:**

Ach, das sind Taschenspielersachen.

**Mephistopheles** *(zu Brander)*:

Und Ihr?

**Brandner:**

Ich will Champagner Wein
Und recht moussierend soll er sein!

*(Mephistopheles bohrt; einer hat indessen die Wachspfropfen gemacht und verstopft.)*

Man kann nicht stets das Fremde meiden
Das Gute liegt uns oft so fern.
Ein echter deutscher Mann mag keinen Franzen leiden,
Doch ihre Weine trinkt er gern.

**Siebel** *(indem sich Mephistopheles seinem Platze nähert)* :

Ich muß gestehn, den sauern mag ich nicht,
Gebt mir ein Glas vom echten süßen!

**Mephistopheles** *(bohrt)*:

Euch soll sogleich Tokayer fließen.

**Altmayer:**

Nein, Herren, seht mir ins Gesicht!
Ich seh es ein, ihr habt uns nur zum besten.

**Mephistopheles:**

Ei! Ei! Mit solchen edlen Gästen
Wär es ein bißchen viel gewagt.
Geschwind! Nur grad heraus gesagt!
Mit welchem Weine kann ich dienen?

**Altmayer:**

Mit jedem! Nur nicht lang gefragt.

*(Nachdem die Löcher alle gebohrt und verstopft sind.)*

**Mephistopheles** *(mit seltsamen Gebärden)* :

Trauben trägt der Weinstock!
Hörner der Ziegenbock;
Der Wein ist saftig, Holz die Reben,
Der hölzerne Tisch kann Wein auch geben.
Ein tiefer Blick in die Natur!
Hier ist ein Wunder, glaubet nur!

Nun zieht die Pfropfen und genießt!

**Alle** *(indem sie die Pfropfen ziehen und jedem der verlangte Wein ins Glas läuft)*:

O schöner Brunnen, der uns fließt!

**Mephistopheles:**

Nur hütet euch, daß ihr mir nichts vergießt!

*(Sie trinken wiederholt.)*

**Alle** *(singen)*:

Uns ist ganz kannibalisch wohl,
Als wie fünfhundert Säuen!

**Mephistopheles:**

Das Volk ist frei, seht an, wie wohl's ihm geht!

**Faust:**

Ich hätte Lust, nun abzufahren.

**Mephistopheles:**

Gib nur erst acht, die Bestialität
Wird sich gar herrlich offenbaren.

**Siebel** *(trinkt unvorsichtig, der Wein fließt auf die Erde und wird zur Flamme)*:

Helft! Feuer! helft! Die Hölle brennt!

**Mephistopheles** *(die Flamme besprechend)*:

Sei ruhig, freundlich Element! *(Zu den Gesellen.)*
Für diesmal war es nur ein Tropfen Fegefeuer.

**Siebel:**

Was soll das sein? Wart! Ihr bezahlt es teuer!
Es scheinet, daß Ihr uns nicht kennt.

**Frosch:**

Laß Er uns das zum zweiten Male bleiben!

**Altmayer:**

Ich dächt, wir hießen ihn ganz sachte seitwärts gehn.

**Siebel:**

Was, Herr? Er will sich unterstehn,
Und hier sein Hokuspokus treiben?

**Mephistopheles:**

Still, altes Weinfaß!

**Siebel:**

Besenstiel!
Du willst uns gar noch grob begegnen?

**Brandner:**

Wart nur, es sollen Schläge regnen!

**Altmayer** *(zieht einen Pfropf aus dem Tisch, es springt ihm Feuer entgegen)* :

Ich brenne! ich brenne!
Stoßt zu! der Kerl ist vogelfrei!

*(Sie ziehen die Messer und gehn auf Mephistopheles los.)*

**Mephistopheles** *(mit ernsthafter Gebärde)* :

Falsch Gebild und Wort
Verändern Sinn und Ort!
Seid hier und dort!

*(Sie stehn erstaunt und sehn einander an.)*

**Altmayer:**

Wo bin ich? Welches schöne Land!

**Frosch:**

Weinberge! Seh ich recht?

**Siebel:**

Und Trauben gleich zur Hand!

**Brandner:**

Hier unter diesem grünen Laube,
Seht, welch ein Stock! Seht, welche Traube!

*(Er faßt Siebeln bei der Nase. Die andern tun es wechselseitig und heben die Messer.)*

**Mephistopheles** *(wie oben)*:

Irrtum, laß los der Augen Band!
Und merkt euch, wie der Teufel spaße.

*(Er verschwindet mit Faust, die Gesellen fahren auseinander.*

**Siebel:**

Was gibt s?

**Altmayer:**

Wie?

**Frosch:**

War das deine Nase?

**Brandner** *(zu Siebel)*:

Und deine hab ich in der Hand!

**Altmayer:**

Es war ein Schlag, der ging durch alle Glieder!
Schafft einen Stuhl, ich sinke nieder!

**Frosch:**

Nein, sagt mir nur, was ist geschehn?

**Frosch:**

Wo ist der Kerl? Wenn ich ihn spüre,
Er soll mir nicht lebendig gehn!

**Altmayer:**

Ich hab ihn selbst hinaus zur Kellertüre –
Auf einem Fasse reiten sehn-
Es liegt mir bleischwer in den Füßen.

*(Sich nach dem Tische wendend.)*

Mein! Sollte wohl der Wein noch fließen?

**Siebel:**

Betrug war alles, Lug und Schein.

**Frosch:**

Mir deuchte doch, als tränk ich Wein.

**Brandner:**

Aber wie war es mit den Trauben?

**Altmayer:**

Nun sag mir eins, man soll kein Wunder glauben!

## Hexenküche

*Auf einem niedrigen Herd steht ein großer Kessel über dem Feuer. In dem Dampfe, der davon in die Höhe steigt, zeigen sich verschiedene Gestalten. Eine Meerkatze sitzt bei dem Kessel und schäumt ihn und sorgt, daß er nicht überläuft. Der Meerkater mit den Jungen sitzt darneben und wärmt sich. Wände und Decke sind mit dem seltsamsten Hexenhausrat geschmückt.*

*Faust. Mephistopheles.*

**Faust:**

Mir widersteht das tolle Zauberwesen!
Versprichst du mir, ich soll genesen
In diesem Wust von Raserei?
Verlang ich Rat von einem alten Weibe?
Und schafft die Sudelköcherei
Wohl dreißig Jahre mir vom Leibe?
Weh mir, wenn du nichts Bessers weißt!
Schon ist die Hoffnung mir verschwunden.
Hat die Natur und hat ein edler Geist
Nicht irgendeinen Balsam ausgefunden?

**Mephistopheles:**

Mein Freund, nun sprichst du wieder klug!
Dich zu verjüngen, gibt's auch ein natürlich Mittel;
Allein es steht in einem andern Buch,
Und ist ein wunderlich Kapitel.

**Faust:**

Ich will es wissen.

**Mephistopheles:**

Gut! Ein Mittel, ohne Geld
Und Arzt und Zauberei zu haben:
Begib dich gleich hinaus aufs Feld,
Fang an zu hacken und zu graben
Erhalte dich und deinen Sinn
In einem ganz beschränkten Kreise,
Ernähre dich mit ungemischter Speise,
Leb mit dem Vieh als Vieh, und acht es nicht für Raub,
Den Acker, den du erntest, selbst zu düngen;
Das ist das beste Mittel, glaub,
Auf achtzig Jahr dich zu verjüngen!

**Faust:**

Das bin ich nicht gewöhnt, ich kann mich nicht bequemen,
Den Spaten in die Hand zu nehmen.
Das enge Leben steht mir gar nicht an.

**Mephistopheles:**

So muß denn doch die Hexe dran.

**Faust:**

Warum denn just das alte Weib!

Kannst du den Trank nicht selber brauen?

**Mephistopheles:**

Das wär ein schöner Zeitvertreib!
Ich wollt indes wohl tausend Brücken bauen.
Nicht Kunst und Wissenschaft allein,
Geduld will bei dem Werke sein.
Ein stiller Geist ist jahrelang geschäftig,
Die Zeit nur macht die feine Gärung kräftig.
Und alles, was dazu gehört,

Es sind gar wunderbare Sachen!
Der Teufel hat sie's zwar gelehrt;
Allein der Teufel kann's nicht machen.

*(Die Tiere erblickend.)*

Sieh, welch ein zierliches Geschlecht!
Das ist die Magd! das ist der Knecht!

*(Zu den Tieren.)*

Es scheint, die Frau ist nicht zu Hause?

**Die Tiere:**

Beim Schmause,
Aus dem Haus
Zum Schornstein hinaus!

**Mephistopheles:**

Wie lange pflegt sie wohl zu schwärmen?

**Die Tiere:**

So lange wir uns die Pfoten wärmen.

**Mephistopheles.** *(zu Faust)*:

Wie findest du die zarten Tiere?

**Faust:**

So abgeschmackt, als ich nur jemand sah!

**Mephistopheles:**

Nein, ein Discours wie dieser da
Ist grade der, den ich am liebsten führe!
*(zu den Tieren.)* So sagt mir doch, verfluchte Puppen,
Was quirlt ihr in dem Brei herum?

**Die Tiere:**

Wir kochen breite Bettelsuppen.

**Mephistopheles:**

Da habt ihr ein groß Publikum.

**Der Kater** *(macht sich herbei und schmeichelt dem Mephistopheles)* :

O würfle nur gleich,
Und mache mich reich,
Und laß mich gewinnen!
Gar schlecht ist's bestellt,
Und wär ich bei Geld,
So wär ich bei Sinnen.

**Mephistopheles:**

Wie glücklich würde sich der Affe schätzen,
Könnt er nur auch ins Lotto setzen!

*(Indessen haben die jungen Meerkätzchen mit einer großen Kugel gespielt und rollen sie hervor.)*

**Der Kater:**

Das ist die Welt;
Sie steigt und fällt
Und rollt beständig;
Sie klingt wie Glas –
Wie bald bricht das!
Ist hohl inwendig.
Hier glänzt sie sehr,
Und hier noch mehr:
„Ich bin lebendig!"
Mein lieber Sohn,
Halt dich davon!
Du mußt sterben!
Sie ist von Ton,
Es gibt Scherben.

**Mephistopheles:**

Was soll das Sieb?

**Der Kater** *(holt es herunter)*:

Wärst du ein Dieb,
Wollt ich dich gleich erkennen.

*(Er lauft zur Kätzin und läßt sie durchsehen.)*

Sieh durch das Sieb!
Erkennst du den Dieb,
Und darfst ihn nicht nennen?

**Mephistopheles** *(sich dem Feuer nähernd)* :

Und dieser Topf?

**Kater und Kätzin:**

Der alberne Tropf!
Er kennt nicht den Topf,
Er kennt nicht den Kessel!

**Mephistopheles:**

Unhöfliches Tier!

**Der Kater:**

Den Wedel nimm hier,
Und setz dich in Sessel!

*(Er nötigt den Mephistopheles zu sitzen.)*

**Faust** *(welcher diese Zeit über vor einem Spiegel gestanden, sich ihm bald genähert, bald sich von ihm entfernt hat)*:

Was seh ich? Welch ein himmlisch Bild
Zeigt sich in diesem Zauberspiegel!
O Liebe, leihe mir den schnellsten deiner Flügel,
Und führe mich in ihr Gefild!
Ach wenn ich nicht auf dieser Stelle bleibe,
Wenn ich es wage, nah zu gehn,
Kann ich sie nur als wie im Nebel sehn! –
Das schönste Bild von einem Weibe!
Ist's möglich, ist das Weib so schön?

Muß ich an diesem hingestreckten Leibe
Den Inbegriff von allen Himmeln sehn?
So etwas findet sich auf Erden?

**Mephistopheles:**

Natürlich, wenn ein Gott sich erst sechs Tage plagt,
Und selbst am Ende Bravo sagt,
Da muß es was Gescheites werden.
Für diesmal sieh dich immer satt;
Ich weiß dir so ein Schätzchen auszuspüren,
Und selig, wer das gute Schicksal hat,
Als Bräutigam sie heim zu führen!

*(Faust sieht immerfort in den Spiegel. Mephistopheles, sich in dem Sessel dehnend und mit dem Wedel spielend, fährt fort zu sprechen.)*

Hier sitz ich wie der König auf dem Throne,
Den Zepter halt ich hier, es fehlt nur noch die Krone.

**Die Tiere** *(welche bisher allerlei wunderliche Bewegungen durcheinander gemacht haben, bringen dem Mephistopheles eine Krone mit großem Geschrei)* :

O sei doch so gut,
Mit Schweiß und mit Blut
Die Krone zu leimen!

*(Sie gehn ungeschickt mit der Krone um und zerbrechen sie in zwei Stücke, mit welchen sie herumspringen.)*

Nun ist es geschehn!
Wir reden und sehn,
Wir hören und reimen –

**Faust** *(gegen den Spiegel)*:

Weh mir! ich werde schier verrückt.

**Mephistopheles** *(auf die Tiere deutend)* :

Nun fängt mir an fast selbst der Kopf zu schwanken.

**Die Tiere:**

Und wenn es uns glückt,
Und wenn es sich schickt,
So sind es Gedanken!

**Faust** *(wie oben)*:

Mein Busen fängt mir an zu brennen!
Entfernen wir uns nur geschwind!

**Mephistopheles** *(in obiger Stellung)*:

Nun, wenigstens muß man bekennen,
Daß es aufrichtige Poeten sind.

*(Der Kessel, welchen die Katzin bisher außer acht gelassen, fängt an überzulaufen, es entsteht eine große Flamme, welche zum Schornstein hinaus schlägt. Die Hexe kommt durch die Flamme mit entsetzlichem Geschrei herunter gefahren.)*

**Die Hexe:**

Au! Au! Au! Au!
Verdammtes Tier! verfluchte Sau!
Versäumst den Kessel, versengst die Frau!
Verfluchtes Tier! *(Faust und Mephistopheles erblickend.)*

Was ist das hier?
Wer seid ihr hier?
Was wollt ihr da?
Wer schlich sich ein?
Die Feuerpein
Euch ins Gebein!

*(Sie fahrt mit dem Schaumlöffel in den Kessel und spritzt Flammen nach Faust, Mephistopheles und den Tieren. Die Tiere winseln.)*

**Mephistopheles** *(welcher den Wedel, den er in der Hand hält, umkehrt und unter die Gläser und Töpfe schlägt)* :

Entzwei! entzwei!
Da liegt der Brei!

Da liegt das Glas!
Es ist nur Spaß,
Der Takt, du Aas,
Zu deiner Melodei.

*(Indem die Hexe voll Grimm und Entsetzen zurücktritt.)*

Erkennst du mich? Gerippe! Scheusal du!
Erkennst du deinen Herrn und Meister?
Was hält mich ab, so schlag ich zu,
Zerschmettre dich und deine Katzengeister!
Hast du vorm roten Wams nicht mehr Respekt?
Kannst du die Hahnenfeder nicht erkennen?
Hab ich dies Angesicht versteckt?
Soll ich mich etwa selber nennen?

**Die Hexe:**

O Herr, verzeiht den rohen Gruß!
Seh ich doch keinen Pferdefuß.
Wo sind denn Eure beiden Raben?

**Mephistopheles:**

Für diesmal kommst du so davon;
Denn freilich ist es eine Weile schon,
Daß wir uns nicht gesehen haben.
Auch die Kultur, die alle Welt beleckt,
Hat auf den Teufel sich erstreckt;
Das nordische Phantom ist nun nicht mehr zu schauen;
Wo siehst du Hörner, Schweif und Klauen?
Und was den Fuß betrifft, den ich nicht missen kann,
Der würde mir bei Leuten schaden;
Darum bedien ich mich, wie mancher junge Mann,
Seit vielen Jahren falscher Waden.

**Die Hexe** *(tanzend)*:

Sinn und Verstand verlier ich schier,
Seh ich den Junker Satan wieder hier!

**Mephistopheles:**

Den Namen, Weib, verbitt ich mir!

**Die Hexe:**

Warum? Was hat er Euch getan?

**Mephistopheles:**

Er ist schon lang ins Fabelbuch geschrieben;
Allein die Menschen sind nichts besser dran,
Den Bösen sind sie los, die Bösen sind geblieben.
Du nennst mich Herr Baron, so ist die Sache gut;
Ich bin ein Kavalier, wie andre Kavaliere.
Du zweifelst nicht an meinem edlen Blut;
Sieh her, das ist das Wappen, das ich führe!

*(Er macht eine unanständige Gebärde.)*

**Die Hexe** *(lacht unmäßig)*:

Ha! Ha! Das ist in Eurer Art!
Ihr seid ein Schelm, wie Ihr nur immer wart!

**Mephistopheles** *(zu Faust)*:

Mein Freund, das lerne wohl verstehn!
Dies ist die Art, mit Hexen umzugehn.

**Die Hexe:**

Nun sagt, ihr Herren, was ihr schafft.

**Mephistopheles:**

Ein gutes Glas von dem bekannten Saft!
Doch muß ich Euch ums ältste bitten;
Die Jahre doppeln seine Kraft.

**Die Hexe:**

Gar gern! Hier hab ich eine Flasche,
Aus der ich selbst zuweilen nasche,
Die auch nicht mehr im mindsten stinkt;
Ich will euch gern ein Gläschen geben.

*(Leise.)* Doch wenn es dieser Mann unvorbereitet trinkt
So kann er, wißt Ihr wohl, nicht eine Stunde leben.

**Mephistopheles:**

Es ist ein guter Freund, dem es gedeihen soll;
Ich gönn ihm gern das Beste deiner Küche.
Zieh deinen Kreis, sprich deine Sprüche,
Und gib ihm eine Tasse voll!

*(Die Hexe, mit seltsamen Gebärden, zieht einen Kreis und stellt wunderbare Sachen hinein; indessen fangen die Gläser an zu klingen, die Kessel zu tönen, und machen Musik. Zuletzt bringt sie ein großes Buch, stellt die Meerkatzen in den Kreis, die ihr zum Pult dienen und die Fackel halten müssen. Sie winkt Fausten, zu ihr zu treten.)*

**Faust** *(zu Mephistopheles)*:

Nein, sage mir, was soll das werden?
Das tolle Zeug, die rasenden Gebärden,
Der abgeschmackteste Betrug,
Sind mir bekannt, verhaßt genug.

**Mephistopheles:**

Ei Possen! Das ist nur zum Lachen;
Sei nur nicht ein so strenger Mann!
Sie muß als Arzt ein Hokuspokus machen,
Damit der Saft dir wohl gedeihen kann.

*(Er nötigt Fausten, in den Kreis zu treten.)*

**Die Hexe** *(mit großer Emphase fängt an, aus dem Buche zu deklamieren)*:

Du mußt verstehn!
Aus Eins mach Zehn,
Und Zwei laß gehn,
Und Drei mach gleich,
So bist du reich.
Verlier die Vier!
Aus Fünf und Sechs,
So sagt die Hex,

Mach Sieben und Acht,
So ist's vollbracht:
Und Neun ist Eins,
Und Zehn ist keins.
Das ist das Hexen-Einmaleins!

**Faust:**

Mich dünkt, die Alte spricht im Fieber.

**Mephistopheles:**

Das ist noch lange nicht vorüber,
Ich kenn es wohl, so klingt das ganze Buch;
Ich habe manche Zeit damit verloren,
Denn ein vollkommner Widerspruch
Bleibt gleich geheimnisvoll für Kluge wie für Toren.
Mein Freund, die Kunst ist alt und neu.
Es war die Art zu allen Zeiten,
Durch Drei und Eins, und Eins und Drei
Irrtum statt Wahrheit zu verbreiten.
So schwätzt und lehrt man ungestört;
Wer will sich mit den Narrn befassen?
Gewöhnlich glaubt der Mensch, wenn er nur Worte hört,
Es müsse sich dabei doch auch was denken lassen.

**Die Hexe** *(fährt fort)*:

Die hohe Kraft
Der Wissenschaft,
Der ganzen Welt verborgen!
Und wer nicht denkt,
Dem wird sie geschenkt,
Er hat sie ohne Sorgen.

**Faust:**

Was sagt sie uns für Unsinn vor?
Es wird mir gleich der Kopf zerbrechen.
Mich dünkt, ich hör ein ganzes Chor
Von hunderttausend Narren sprechen.

**Mephistopheles:**

Genug, genug, o treffliche Sibylle!
Gib deinen Trank herbei, und fülle
Die Schale rasch bis an den Rand hinan;
Denn meinem Freund wird dieser Trunk nicht schaden:
Er ist ein Mann von vielen Graden,
Der manchen guten Schluck getan.

*(Die Hexe, mit vielen Zeremonien, schenkt den Trank in eine Schale, wie sie Faust an den Mund bringt, entsteht eine leichte Flamme.)*

Nur frisch hinunter! Immer zu!
Es wird dir gleich das Herz erfreuen.
Bist mit dem Teufel du und du,
Und willst dich vor der Flamme scheuen?

*(Die Hexe löst den Kreis. Faust tritt heraus.)*

Nun frisch hinaus! Du darfst nicht ruhn.

**Die Hexe:**

Mög Euch das Schlückchen wohl behagen!

**Mephistopheles** *(zur Hexe)*:

Und kann ich dir was zu Gefallen tun,
So darfst du mir's nur auf Walpurgis sagen.

**Die Hexe:**

Hier ist ein Lied! wenn Ihr's zuweilen singt,
So werdet Ihr besondre Wirkung spüren.

**Mephistopheles** *(zu Faust)*:

Komm nur geschwind und laß dich führen;
Du mußt notwendig transpirieren,
Damit die Kraft durch Inn- und Äußres dringt.
Den edlen Müßiggang lehr ich hernach dich schätzen,
Und bald empfindest du mit innigem Ergetzen,
Wie sich Cupido regt und hin und wider springt.

**Faust:**

Laß mich nur schnell noch in den Spiegel schauen!
Das Frauenbild war gar zu schön!

**Mephistopheles:**

Nein! Nein! Du sollst das Muster aller Frauen
Nun bald leibhaftig vor dir sehn.
*(Leise.)* Du siehst, mit diesem Trank im Leibe,
Bald Helenen in jedem Weibe.

## Straße (I)

***Faust. Margarete vorübergehend.***

**Faust:**

Mein schönes Fräulein, darf ich wagen,
Meinen Arm und Geleit Ihr anzutragen?

**Margarete:**

Bin weder Fräulein, weder schön,
Kann ungeleitet nach Hause gehn.

*(Sie macht sich los und ab.)*

**Faust:**

Beim Himmel, dieses Kind ist schön!
So etwas hab ich nie gesehn.
Sie ist so sitt- und tugendreich,
Und etwas schnippisch doch zugleich.
Der Lippe Rot, der Wange Licht,
Die Tage der Welt vergeß ich's nicht!
Wie sie die Augen niederschlägt,
Hat tief sich in mein Herz geprägt;
Wie sie kurz angebunden war,
Das ist nun zum Entzücken gar!

*Mephistopheles tritt auf.*

**Faust:**

Hör, du mußt mir die Dirne schaffen!

**Mephistopheles:**

Nun, welche?

**Faust:**

Sie ging just vorbei.

**Mephistopheles:**

Da die? Sie kam von ihrem Pfaffen,
Der sprach sie aller Sünden frei
Ich schlich mich hart am Stuhl vorbei,
Es ist ein gar unschuldig Ding,
Das eben für nichts zur Beichte ging;
Über die hab ich keine Gewalt!

**Faust:**

Ist über vierzehn Jahr doch alt.

**Mephistopheles:**

Du sprichst ja wie Hans Liederlich,
Der begehrt jede liebe Blum für sich,
Und dünkelt ihm, es wär kein Ehr
Und Gunst, die nicht zu pflücken wär;
Geht aber doch nicht immer an.

**Faust:**

Mein Herr Magister Lobesan,
Laß Er mich mit dem Gesetz in Frieden!
Und das sag ich Ihm kurz und gut:
Wenn nicht das süße junge Blut
Heut Nacht in meinen Armen ruht,
So sind wir um Mitternacht geschieden.

**Mephistopheles:**

Bedenkt, was gehn und stehen mag!
Ich brauche wenigstens vierzehn Tag,
Nur die Gelegenheit auszuspüren.

**Faust:**

Hätt ich nur sieben Stunden Ruh,
Brauchte den Teufel nicht dazu
So ein Geschöpfchen zu verführen.

**Mephistopheles:**

Ihr sprecht schon fast wie ein Franzos;
Doch bitt ich, laßt's Euch nicht verdrießen:
Was hilft's, nur grade zu genießen?
Die Freud ist lange nicht so groß,
Als wenn Ihr erst herauf, herum
Durch allerlei Brimborium,
Das Püppchen geknetet und zugericht't
Wie's lehret manche welsche Geschicht.

**Faust:**

Hab Appetit auch ohne das.

**Mephistopheles:**

Jetzt ohne Schimpf und ohne Spaß:
Ich sag Euch, mit dem schönen Kind
Geht's ein für allemal nicht geschwind.
Mit Sturm ist da nichts einzunehmen;
Wir müssen uns zur List bequemen.

**Faust:**

Schaff mir etwas vom Engelsschatz!
Führ mich an ihren Ruheplatz!
Schaff mir ein Halstuch von ihrer Brust,
Ein Strumpfband meiner Liebeslust!

**Mephistopheles:**

Damit Ihr seht, daß ich Eurer Pein
Will förderlich und dienstlich sein'
Wollen wir keinen Augenblick verlieren,
Will Euch noch heut in ihr Zimmer führen.

**Faust:**

Und soll sie sehn? sie haben?

**Mephistopheles:**

Nein!
Sie wird bei einer Nachbarin sein.
Indessen könnt Ihr ganz allein
An aller Hoffnung künft'ger Freuden
In ihrem Dunstkreis satt Euch weiden.

**Faust:**

Können wir hin?

**Mephistopheles:**

Es ist noch zu früh.

**Faust:**

Sorg du mir für ein Geschenk für sie! *(Ab.)*

**Mephistopheles:**

Gleich schenken? Das ist brav! Da wird er reüssieren!
Ich kenne manchen schönen Platz
Und manchen altvergrabnen Schatz;
Ich muß ein bißchen revidieren. *(Ab.)*

## Abend. Ein kleines reinliches Zimmer

***Margarete ihre Zöpfe flechtend und aufbindend.***

Ich gäb was drum, wenn ich nur wüßt,
Wer heut der Herr gewesen ist!

Er sah gewiß recht wacker aus
Und ist aus einem edlen Haus;
Das konnt ich ihm an der Stirne lesen –
Er wär auch sonst nicht so keck gewesen. *(Ab.)*

**Mephistopheles:**

Herein, ganz leise, nur herein!

**Faust** *(nach einigem Stillschweigen)*:

Ich bitte dich, laß mich allein!

**Mephistopheles** *(herumspürend)*:

Nicht jedes Mädchen hält so rein. *(Ab.)*

**Faust** *(rings aufschauend)*:

Willkommen, süßer Dämmerschein,
Der du dies Heiligtum durchwebst!
Ergreif mein Herz, du süße Liebespein,
Die du vom Tau der Hoffnung schmachtend lebst!
Wie atmet rings Gefühl der Stille,
Der Ordnung, der Zufriedenheit!
In dieser Armut welche Fülle!
In diesem Kerker welche Seligkeit!

*(Er wirft sich auf den ledernen Sessel am Bette.)*

O nimm mich auf, der du die Vorwelt schon
Bei Freud und Schmerz im offnen Arm empfangen!
Wie oft, ach! hat an diesem Väterthron
Schon eine Schar von Kindern rings gehangen!
Vielleicht hat, dankbar für den heil'gen Christ
Mein Liebchen hier, mit vollen Kinderwangen,
Dem Ahnherrn fromm die welke Hand geküßt.
Ich fühl o Mädchen, deinen Geist
Der Füll und Ordnung um mich säuseln,
Der mütterlich dich täglich unterweist
Den Teppich auf den Tisch dich reinlich breiten heißt,
Sogar den Sand zu deinen Füßen kräuseln.

O liebe Hand! so göttergleich!
Die Hütte wird durch dich ein Himmelreich.
Und hier!

*(Er hebt einen Bettvorhang auf.)*

Was faßt mich für ein Wonnegraus!
Hier möcht ich volle Stunden säumen.
Natur, hier bildetest in leichten Träumen
Den eingebornen Engel aus!
Hier lag das Kind! mit warmem Leben
Den zarten Busen angefüllt,
Und hier mit heilig reinem Weben
Entwirkte sich das Götterbild!

Und du! Was hat dich hergeführt?
Wie innig fühl ich mich gerührt!
Was willst du hier? Was wird das Herz dir schwer?
Armsel'ger Faust! ich kenne dich nicht mehr.

Umgibt mich hier ein Zauberduft?
Mich drang's, so grade zu genießen,
Und fühle mich in Liebestraum zerfließen!
Sind wir ein Spiel von jedem Druck der Luft?

Und träte sie den Augenblick herein,
Wie würdest du für deinen Frevel büßen!
Der große Hans, ach wie so klein!
Läg, hingeschmolzen, ihr zu Füßen.

**Mephistopheles** *(kommt)*:

Geschwind! ich seh sie unten kommen.

**Faust:**

Fort! Fort! Ich kehre nimmermehr!

**Mephistopheles:**

Hier ist ein Kästchen leidlich schwer,
Ich hab's wo anders hergenommen.
Stellt's hier nur immer in den Schrein,

Ich schwör Euch, ihr vergehn die Sinnen;
Ich tat Euch Sächelchen hinein,
Um eine andre zu gewinnen.
Zwar Kind ist Kind, und Spiel ist Spiel.

**Faust:**

Ich weiß nicht, soll ich?

**Mephistopheles:**

Fragt Ihr viel?
Meint Ihr vielleicht den Schatz zu wahren?
Dann rat ich Eurer Lüsternheit,
Die liebe schöne Tageszeit
Und mir die weitre Müh zu sparen.
Ich hoff nicht, daß Ihr geizig seid!
Ich kratz den Kopf, reib an den Händen –

*(Er stellt das Kästchen in den Schrein und drückt das Schloß wieder zu.)*

Nur fort! geschwind!
Um Euch das süße junge Kind
Nach Herzens Wunsch und Will zu wenden;
Und Ihr seht drein
Als solltet Ihr in den Hörsaal hinein,
Als stünden grau leibhaftig vor Euch da
Physik und Metaphysika!
Nur fort! *(Ab.)*

*Margarete mit einer Lampe.*

Es ist so schwül, so dumpfig hie

*(sie macht das Fenster auf)*

Und ist doch eben so warm nicht drauß.
Es wird mir so, ich weiß nicht wie –
Ich wollt, die Mutter käm nach Haus.
Mir läuft ein Schauer übern ganzen Leib –
Bin doch ein töricht furchtsam Weib!

*(sie fängt an zu singen, indem sie sich auszieht.)*

Es war ein König in Thule
    Gar treu bis an das Grab,
    Dem sterbend seine Buhle
    Einen goldnen Becher gab.

Es ging ihm nichts darüber,
    Er leert ihn jeden Schmaus;
    Die Augen gingen ihm über,
    Sooft er trank daraus.

Und als er kam zu sterben,
    Zählt er seine Städt im Reich,
    Gönnt alles seinem Erben,
    Den Becher nicht zugleich.

Er saß beim Königsmahle,
    Die Ritter um ihn her,
    Auf hohem Vätersaale,
    Dort auf dem Schloß am Meer.

Dort stand der alte Zecher,
    Trank letzte Lebensglut
    Und warf den heiligen Becher
    Hinunter in die Flut.

Er sah ihn stürzen, trinken
    Und sinken tief ins Meer,
    Die Augen täten ihm sinken,
    Trank nie einen Tropfen mehr.

*(Sie eröffnet den Schrein, ihre Kleider einzuräumen, und erblickt das Schmuckkästchen.)*

Wie kommt das schöne Kästchen hier herein?
Ich schloß doch ganz gewiß den Schrein.
Es ist doch wunderbar! Was mag wohl drinne sein?
Vielleicht bracht's jemand als ein Pfand,
Und meine Mutter lieh darauf.
Da hängt ein Schlüsselchen am Band
Ich denke wohl, ich mach es auf!
Was ist das? Gott im Himmel! Schau,

So was hab ich mein Tage nicht gesehn!
Ein Schmuck! Mit dem könnt eine Edelfrau
Am höchsten Feiertage gehn.
Wie sollte mir die Kette stehn?
Wem mag die Herrlichkeit gehören?

*(Sie putzt sich damit auf und tritt vor den Spiegel.)*

Wenn nur die Ohrring meine wären!
Man sieht doch gleich ganz anders drein.
Was hilft euch Schönheit, junges Blut?
Das ist wohl alles schön und gut,
Allein man läßt's auch alles sein;
Man lobt euch halb mit Erbarmen.
Nach Golde drängt,
Am Golde hängt
Doch alles. Ach wir Armen!

## Spaziergang

***Faust in Gedanken auf und ab gehend.***

***Zu ihm Mephistopheles.***

**Mephistopheles:**

Bei aller verschmähten Liebe! Beim höllischen Elemente!
Ich wollt, ich wüßte was Ärgers, daß ich's fluchen könnte!

**Faust:**

Was hast? was kneipt dich denn so sehr?
So kein Gesicht sah ich in meinem Leben!

**Mephistopheles:**

Ich möcht mich gleich dem Teufel übergeben,
Wenn ich nur selbst kein Teufel wär!

**Faust:**

Hat sich dir was im Kopf verschoben?
Dich kleidet's wie ein Rasender zu toben!

**Mephistopheles:**

Denkt nur, den Schmuck, für Gretchen angeschafft,
Den hat ein Pfaff hinweggerafft!
Die Mutter kriegt das Ding zu schauen
Gleich fängt's ihr heimlich an zu grauen,
Die Frau hat gar einen feinen Geruch,
Schnuffelt immer im Gebetbuch
Und riecht's einem jeden Möbel an,
Ob das Ding heilig ist oder profan;
Und an dem Schmuck da spürt, sie's klar,
Daß dabei nicht viel Segen war.
„Mein Kind", rief sie, „ungerechtes Gut
Befängt die Seele, zehrt auf das Blut.
Wollen's der Mutter Gottes weihen,
Wird uns mit Himmelsmanna erfreuen!"
Margretlein zog ein schiefes Maul,
Ist halt, dacht sie, ein geschenkter Gaul,
Und wahrlich! gottlos ist nicht der,
Der ihn so fein gebracht hierher.
Die Mutter ließ einen Pfaffen kommen;
Der hatte kaum den Spaß vernommen,
Ließ sich den Anblick wohl behagen.
Er sprach: „So ist man recht gesinnt!
Wer überwindet, der gewinnt.
Die Kirche hat einen guten Magen,
Hat ganze Länder aufgefressen
Und doch noch nie sich übergessen;
Die Kirch allein, meine lieben Frauen,
Kann ungerechtes Gut verdauen."

**Faust:**

Das ist ein allgemeiner Brauch,
Ein Jud und König kann es auch.

**Mephistopheles:**

Strich drauf ein Spange, Kett und Ring',
Als wären's eben Pfifferling',
Dankt' nicht weniger und nicht mehr,
Als ob's ein Korb voll Nüsse wär,
Versprach ihnen allen himmlischen Lohn –
Und sie waren sehr erbaut davon.

**Faust:**

Und Gretchen?

**Mephistopheles:**

Sitzt nun unruhvoll,
Weiß weder, was sie will noch soll,
Denkt ans Geschmeide Tag und Nacht,
Noch mehr an den, der's ihr gebracht.

**Faust:**

Des Liebchens Kummer tut mir leid.
Schaff du ihr gleich ein neu Geschmeid!
Am ersten war ja so nicht viel.

**Mephistopheles:**

O ja, dem Herrn ist alles Kinderspiel!

**Faust:**

Und mach, und richt's nach meinem Sinn,
Häng dich an ihre Nachbarin!
Sei, Teufel, doch nur nicht wie Brei,
Und schaff einen neuen Schmuck herbei!

**Mephistopheles:**

Ja, gnäd'ger Herr, von Herzen gerne.

*(Faust ab.)*

So ein verliebter Tor verpufft
Euch Sonne, Mond und alle Sterne
Zum Zeitvertreib dem Liebchen in die Luft. *(Ab.)*

## Der Nachbarin Haus

***Marthe allein.***

Gott verzeih's meinem lieben Mann,
Er hat an mir nicht wohl getan!
Geht da stracks in die Welt hinein
Und läßt mich auf dem Stroh allein.
Tät ihn doch wahrlich nicht betrüben,
Tät ihn, weiß Gott, recht herzlich lieben. *(Sie weint.)*
Vielleicht ist er gar tot! – O Pein! –
Hätt ich nur einen Totenschein!

*Margarete kommt.*

**Margarete:**

Frau Marthe!

**Marthe:**

Gretelchen, was soll's?

**Margarete:**

Fast sinken mir die Kniee nieder!
Da find ich so ein Kästchen wieder
In meinem Schrein, von Ebenholz,
Und Sachen herrlich ganz und gar,
Weit reicher, als das erste war.

**Marthe:**

Das muß Sie nicht der Mutter sagen;
Tät's wieder gleich zur Beichte tragen.

**Margarete:**

Ach seh Sie nur! ach schau Sie nur!

**Marthe** *(putzt sie auf)*:

O du glücksel'ge Kreatur!

**Margarete:**

Darf mich, leider, nicht auf der Gassen
Noch in der Kirche mit sehen lassen.

**Marthe:**

Komm du nur oft zu mir herüber,
Und leg den Schmuck hier heimlich an;
Spazier ein Stündchen lang dem Spiegelglas vorüber,
Wir haben unsre Freude dran;
Und dann gibt's einen Anlaß, gibt's ein Fest,
Wo man's so nach und nach den Leuten sehen läßt.
Ein Kettchen erst, die Perle dann ins Ohr;
Die Mutter sieht's wohl nicht, man macht ihr auch was vor.

**Margarete:**

Wer konnte nur die beiden Kästchen bringen?
Es geht nicht zu mit rechten Dingen!

*(Es klopft.)*

Ach Gott! mag das meine Mutter sein?

**Marthe** *(durchs Vorhängel guckend)*:

Es ist ein fremder Herr – Herein!

*Mephistopheles tritt auf.*

**Mephistopheles:**

Bin so frei, grad hereinzutreten,
Muß bei den Frauen Verzeihn erbeten.

*(Tritt ehrerbietig vor Margareten zurück.)*

Wollte nach Frau Marthe Schwerdtlein fragen!

**Marthe:**

Ich bin's, was hat der Herr zu sagen?

**Mephistopheles** *(leise zu ihr)*:

Ich kenne Sie jetzt, mir ist das genug;
Sie hat da gar vornehmen Besuch.
Verzeiht die Freiheit, die ich genommen,
Will Nachmittage wiederkommen.

**Marthe** *(lacht)*:

Denk, Kind, um alles in der Welt!
Der Herr dich für ein Fräulein hält.

**Margarete:**

Ich bin ein armes junges Blut;
Ach Gott! der Herr ist gar zu gut:
Schmuck und Geschmeide sind nicht mein.

**Mephistopheles:**

Ach, es ist nicht der Schmuck allein;
Sie hat ein Wesen, einen Blick so scharf!
Wie freut mich's, daß ich bleiben darf.

**Marthe:**

Was bringt Er denn? Verlange sehr –

**Mephistopheles:**

Ich wollt, ich hätt eine frohere Mär! –
Ich hoffe, Sie läßt mich's drum nicht büßen:
Ihr Mann ist tot und läßt Sie grüßen.

**Marthe:**

Ist tot? das treue Herz! O weh!
Mein Mann ist tot! Ach ich vergeh!

**Margarete:**

Ach! liebe Frau, verzweifelt nicht!

**Mephistopheles:**

So hört die traurige Geschicht!

**Margarete:**

Ich möchte drum mein' Tag' nicht lieben,
Würde mich Verlust zu Tode betrüben.

**Mephistopheles:**

Freud muß Leid, Leid muß Freude haben.

**Marthe:**

Erzählt mir seines Lebens Schluß!

**Mephistopheles:**

Er liegt in Padua begraben
Beim heiligen Antonius
An einer wohlgeweihten Stätte
Zum ewig kühlen Ruhebette.

**Marthe:**

Habt Ihr sonst nichts an mich zu bringen?

**Mephistopheles:**

Ja, eine Bitte, groß und schwer:
Laß Sie doch ja für ihn dreihundert Messen singen!
Im übrigen sind meine Taschen leer.

**Marthe:**

Was! nicht ein Schaustück? kein Geschmeid?
Was jeder Handwerksbursch im Grund des Säckels spart,
Zum Angedenken aufbewahrt,
Und lieber hungert, lieber bettelt!

**Mephistopheles:**

Madam, es tut mir herzlich leid;
Allein er hat sein Geld wahrhaftig nicht verzettelt.

Auch er bereute seine Fehler sehr,
Ja, und bejammerte sein Unglück noch viel mehr.

**Margarete:**

Ach! daß die Menschen so unglücklich sind!
Gewiß, ich will für ihn manch Requiem noch beten.

**Mephistopheles:**

Ihr wäret wert, gleich in die Eh zu treten:
Ihr seid ein liebenswürdig Kind.

**Margarete:**

Ach nein, das geht jetzt noch nicht an.

**Mephistopheles:**

Ist's nicht ein Mann, sei's derweil ein Galan.
's ist eine der größten Himmelsgaben,
So ein lieb Ding im Arm zu haben.

**Margarete:**

Das ist des Landes nicht der Brauch.

**Mephistopheles:**

Brauch oder nicht! Es gibt sich auch.

**Marthe:**

Erzählt mir doch!

**Mephistopheles:**

Ich stand an seinem Sterbebette,
Es war was besser als von Mist,
Von halbgefaultem Stroh; allein er starb als Christ
Und fand, daß er weit mehr noch auf der Zeche hätte.
„Wie“, rief er, „muß ich mich von Grund aus hassen,
So mein Gewerb, mein Weib so zu verlassen!
Ach, die Erinnrung tötet mich
Vergäb sie mir nur noch in diesem Leben!“

**Marthe** *(weinend)*:

Der gute Mann! ich hab ihm längst vergeben.

**Mephistopheles:**

„Allein, weiß Gott! sie war mehr schuld als ich."

**Marthe:**

Das lügt er! Was! am Rand des Grabs zu lügen!

**Mephistopheles:**

Er fabelte gewiß in letzten Zügen,
Wenn ich nur halb ein Kenner bin.
„Ich hatte", sprach er, „nicht zum Zeitvertreib zu gaffen
Erst Kinder, und dann Brot für sie zu schaffen,
Und Brot im allerweitsten Sinn,
Und konnte nicht einmal mein Teil in Frieden essen."

**Marthe:**

Hat er so aller Treu, so aller Lieb vergessen,
Der Plackerei bei Tag und Nacht!

**Mephistopheles:**

Nicht doch, er hat Euch herzlich dran gedacht.
Er sprach: „Als ich nun weg von Malta ging
Da betet ich für Frau und Kinder brünstig;
Uns war denn auch der Himmel günstig,
Daß unser Schiff ein türkisch Fahrzeug fing,
Das einen Schatz des großen Sultans führte.
Da ward der Tapferkeit ihr Lohn,
Und ich empfing denn auch, wie sich's gebührte,
Mein wohlgemeßnes Teil davon."

**Marthe:**

Ei wie? Ei wo? Hat er's vielleicht vergraben?

**Mephistopheles:**

Wer weiß, wo nun es die vier Winde haben.
Ein schönes Fräulein nahm sich seiner an,
Als er in Napel fremd umherspazierte;
Sie hat an ihm viel Liebs und Treus getan,
Daß er's bis an sein selig Ende spürte.

**Marthe:**

Der Schelm! der Dieb an seinen Kindern!
Auch alles Elend, alle Not
Konnt nicht sein schändlich Leben hindern!

**Mephistopheles:**

Ja seht! dafür ist er nun tot.
Wär ich nun jetzt an Eurem Platze,
Betraurt ich ihn ein züchtig Jahr,
Visierte dann unterweil nach einem neuen Schatze.

**Marthe:**

Ach Gott! wie doch mein erster war,
Find ich nicht leicht auf dieser Welt den andern!
Es konnte kaum ein herziger Närrchen sein.
Er liebte nur das allzuviele Wandern
Und fremde Weiber und fremden Wein
Und das verfluchte Würfelspiel.

**Mephistopheles:**

Nun, nun, so konnt es gehn und stehen,
Wenn er Euch ungefähr so viel
Von seiner Seite nachgesehen.
Ich schwör Euch zu, mit dem Beding
Wechselt ich selbst mit Euch den Ring!

**Marthe:**

O es beliebt dem Herrn zu scherzen!

**Mephistopheles** *(für sich)*:

Nun mach ich mich beizeiten fort!
Die hielte wohl den Teufel selbst beim Wort.

*(Zu Gretchen.)*

Wie steht es denn mit Ihrem Herzen?

**Margarete:**

Was meint der Herr damit?

**Mephistopheles** *(für sich)*:

Du guts, unschuldigs Kind!
*(Laut.)* Lebt wohl, ihr Fraun!

**Margarete:**

Lebt wohl!

**Marthe:**

O sagt mir doch geschwind!
Ich möchte gern ein Zeugnis haben,
Wo, wie und wann mein Schatz gestorben und begraben.
Ich bin von je der Ordnung Freund gewesen,
Möcht, ihn auch tot im Wochenblättchen lesen.

**Mephistopheles:**

Ja, gute Frau, durch zweier Zeugen Mund
Wird allerwegs die Wahrheit kund;
Habe noch gar einen feinen Gesellen,
Den will ich Euch vor den Richter stellen.
Ich bring ihn her.

**Marthe:**

O tut das ja!

**Mephistopheles:**

Und hier die Jungfrau ist auch da?
Ein braver Knab! ist viel gereist,
Fräuleins alle Höflichkeit erweist.

**Margarete:**

Müßte vor dem Herren schamrot werden.

**Mephistopheles:**

Vor keinem Könige der Erden.

**Marthe:**

Da hinterm Haus in meinem Garten
Wollen wir der Herren heut abend warten.

## Straße (II)

***Faust. Mephistopheles.***

**Faust:**

Wie ist's? Will's fördern? Will's bald gehn?

**Mephistopheles:**

Ah bravo! Find ich Euch in Feuer?
In kurzer Zeit ist Gretchen Euer.
Heut abend sollt Ihr sie bei Nachbar' Marthen sehn:
Das ist ein Weib wie auserlesen
Zum Kuppler- und Zigeunerwesen!

**Faust:**

So recht!

**Mephistopheles:**

Doch wird auch was von uns begehrt.

**Faust:**

Ein Dienst ist wohl des andern wert.

**Mephistopheles:**

Wir legen nur ein gültig Zeugnis nieder,
Daß ihres Ehherrn ausgereckte Glieder
In Padua an heil'ger Stätte ruhn.

**Faust:**

Sehr klug! Wir werden erst die Reise machen müssen!

**Mephistopheles:**

Sancta Simplicitas! darum ist's nicht zu tun;
Bezeugt nur, ohne viel zu wissen.

**Faust:**

Wenn Er nichts Bessers hat, so ist der Plan zerrissen.

**Mephistopheles:**

O heil'ger Mann! Da wärt Ihr's nun!
Ist es das erstemal in eurem Leben,
Daß Ihr falsch Zeugnis abgelegt?
Habt Ihr von Gott, der Welt und was sich drin bewegt,
Vom Menschen, was sich ihm in den Kopf und Herzen regt,
Definitionen nicht mit großer Kraft gegeben?
Mit frecher Stirne, kühner Brust?
Und wollt Ihr recht ins Innre gehen,
Habt Ihr davon, Ihr müßt es grad gestehen,
So viel als von Herrn Schwerdtleins Tod gewußt!

**Faust:**

Du bist und bleibst ein Lügner, ein Sophiste.

**Mephistopheles:**

Ja, wenn man's nicht ein bißchen tiefer wüßte.
Denn morgen wirst, in allen Ehren,

Das arme Gretchen nicht betören
Und alle Seelenlieb ihr schwören?

**Faust:**

Und zwar von Herzen.

**Mephistopheles:**

Gut und schön!
Dann wird von ewiger Treu und Liebe,
von einzig überallmächt'gem Triebe –
Wird das auch so von Herzen gehn?

**Faust:**

Laß das! Es wird! – Wenn ich empfinde,
Für das Gefühl, für das Gewühl
Nach Namen suche, keinen finde,
Dann durch die Welt mit allen Sinnen schweife,
Nach allen höchsten Worten greife,
Und diese Glut, von der ich brenne,
Unendlich, ewig, ewig nenne,
Ist das ein teuflisch Lügenspiel?

**Mephistopheles:**

Ich hab doch recht!

**Faust:**

Hör! merk dir dies –
Ich bitte dich, und schone meine Lunge –:
Wer recht behalten will und hat nur eine Zunge,
Behält's gewiß.
Und komm, ich hab des Schwätzens Überdruß,
Denn du hast recht, vorzüglich weil ich muß.

## Garten

***Margarete an Faustens Arm, Marthe mit Mephistopheles auf und ab spazierend.***

**Margarete:**

Ich fühl es wohl, daß mich der Herr nur schont,
Herab sich läßt, mich zu beschämen.
Ein Reisender ist so gewohnt,
Aus Gütigkeit fürliebzunehmen;
Ich weiß zu gut, daß solch erfahrnen Mann
Mein arm Gespräch nicht unterhalten kann.

**Faust:**

Ein Blick von dir, ein Wort mehr unterhält
Als alle Weisheit dieser Welt. *(Er küßt ihre Hand.)*

**Margarete:**

Inkommodiert Euch nicht! Wie könnt Ihr sie nur küssen?
Sie ist so garstig, ist so rauh!
Was hab ich nicht schon alles schaffen müssen!
Die Mutter ist gar zu genau. *(Gehn vorüber.)*

**Marthe:**

Und Ihr, mein Herr, Ihr reist so immer fort?

**Mephistopheles:**

Ach, daß Gewerb und Pflicht uns dazu treiben!
Mit wieviel Schmerz verläßt man manchen Ort
Und darf doch nun einmal nicht bleiben!

**Marthe:**

In raschen Jahren geht's wohl an
So um und um frei durch die Welt zu streifen;
Doch kömmt die böse Zeit heran,
Und sich als Hagestolz allein zum Grab zu schleifen,
Das hat noch keinem wohlgetan.

**Mephistopheles:**

Mit Grausen seh ich das von weiten.

**Marthe:**

Drum, werter Herr, beratet Euch in Zeiten.

*(Gehn vorüber.)*

**Margarete:**

Ja, aus den Augen, aus dem Sinn!
Die Höflichkeit ist Euch geläufig;
Allein Ihr habt der Freunde häufig,
Sie sind verständiger, als ich bin.

**Faust:**

O Beste! glaube, was man so verständig nennt,
Ist oft mehr Eitelkeit und Kurzsinn.

**Margarete:**

Wie?

**Faust:**

Ach, daß die Einfalt, daß die Unschuld nie
Sich selbst und ihren heil'gen Wert erkennt!
Daß Demut Niedrigkeit, die höchsten Gaben
Der liebevoll austeilenden Natur –

**Margarete:**

Denkt Ihr an mich ein Augenblickchen nur,
Ich werde Zeit genug an Euch zu denken haben.

**Faust:**

Ihr seid wohl viel allein?

**Margarete:**

Ja, unsre Wirtschaft ist nur klein,
Und doch will sie versehen sein.
Wir haben keine Magd; muß kochen, fegen, stricken

Und nähn und laufen früh und spat;
Und meine Mutter ist in allen Stücken
So akkurat!
Nicht daß sie just so sehr sich einzuschränken hat;
Wir könnten uns weit eh'r als andre regen:
Mein Vater hinterließ ein hübsch Vermögen,
Ein Häuschen und ein Gärtchen vor der Stadt.
Doch hab ich jetzt so ziemlich stille Tage:
Mein Bruder ist Soldat,
Mein Schwesterchen ist tot.
Ich hatte mit dem Kind wohl meine liebe Not;
Doch übernähm ich gern noch einmal alle Plage,
So lieb war mir das Kind.

**Faust:**

Ein Engel, wenn dir's glich.

**Margarete:**

Ich zog es auf, und herzlich liebt es mich.
Es war nach meines Vaters Tod geboren.
Die Mutter gaben wir verloren,
So elend wie sie damals lag,
Und sie erholte sich sehr langsam, nach und nach.
Da konnte sie nun nicht dran denken,
Das arme Würmchen selbst zu tränken,
Und so erzog ich's ganz allein,
Mit Milch und Wasser, so ward's mein
Auf meinem Arm, in meinem Schoß
War's freundlich, zappelte, ward groß.

**Faust:**

Du hast gewiß das reinste Glück empfunden.

**Margarete:**

Doch auch gewiß gar manche schwere Stunden.
Des Kleinen Wiege stand zu Nacht
An meinem Bett; es durfte kaum sich regen,

War ich erwacht;
Bald mußt ich's tränken, bald es zu mir legen
Bald, wenn's nicht schwieg, vom Bett aufstehn
Und tänzelnd in der Kammer auf und nieder gehn,
Und früh am Tage schon am Waschtrog stehn;
Dann auf dem Markt und an dem Herde sorgen,
Und immer fort wie heut so morgen.
Da geht's, mein Herr, nicht immer mutig zu;
Doch schmeckt dafür das Essen, schmeckt die Ruh.

*(Gehn vorüber.)*

**Marthe:**

Die armen Weiber sind doch übel dran:
Ein Hagestolz ist schwerlich zu bekehren.

**Mephistopheles:**

Es käme nur auf Euresgleichen an,
Mich eines Bessern zu belehren.

**Marthe:**

Sagt grad, mein Herr, habt Ihr noch nichts gefunden?
Hat sich das Herz nicht irgendwo gebunden?

**Mephistopheles:**

Das Sprichwort sagt: Ein eigner Herd,
Ein braves Weib sind Gold und Perlen wert.

**Marthe:**

Ich meine: ob Ihr niemals Lust bekommen?

**Mephistopheles:**

Man hat mich überall recht höflich aufgenommen.

**Marthe:**

Ich wollte sagen: ward's nie Ernst in Eurem Herzen?

**Mephistopheles:**

Mit Frauen soll man sich nie unterstehn zu scherzen.

**Marthe:**

Ach, Ihr versteht mich nicht!

**Mephistopheles:**

Das tut mir herzlich leid!
Doch ich versteh – daß Ihr sehr gütig seid.

*(Gehn vorüber.)*

**Faust:**

Du kanntest mich, o kleiner Engel, wieder,
Gleich als ich in den Garten kam?

**Margarete:**

Saht Ihr es nicht, ich schlug die Augen nieder.

**Faust:**

Und du verzeihst die Freiheit, die ich nahm?
Was sich die Frechheit unterfangen,
Als du jüngst aus dem Dom gegangen?

**Margarete:**

Ich war bestürzt, mir war das nie geschehn;
Es konnte niemand von mir Übels sagen.
Ach, dacht ich, hat er in deinem Betragen
Was Freches, Unanständiges gesehn?
Es schien ihn gleich nur anzuwandeln,
Mit dieser Dirne gradehin zu handeln.
Gesteh ich's doch! Ich wußte nicht, was sich
Zu Eurem Vorteil hier zu regen gleich begonnte;
Allein gewiß, ich war recht bös auf mich,
Daß ich auf Euch nicht böser werden konnte.

**Faust:**

Süß Liebchen!

**Margarete:**

Laßt einmal!

*(Sie pflückt eine Sternblume und zupft die Blätter ab, eins nach dem andern.)*

**Faust:**

Was soll das? Einen Strauß?

**Margarete:**

Nein, es soll nur ein Spiel.

**Faust:**

Wie?

**Margarete:**

Geht! Ihr lacht mich aus.

*(Sie rupft und murmelt.)*

**Faust:**

Was murmelst du?

**Margarete** *(halblaut)*:

Er liebt mich – liebt mich nicht.

**Faust:**

Du holdes Himmelsangesicht!

**Margarete** *(fährt fort)*:

Liebt mich – nicht – liebt mich – nicht –

*(Das letzte Blatt ausrupfend, mit holder Freude.)*

Er liebt mich!

**Faust:**

Ja, mein Kind! Laß dieses Blumenwort
Dir Götterausspruch sein. Er liebt dich!
Verstehst du, was das heißt? Er liebt dich!

*(Er faßt ihre beiden Hände.)*

**Margarete:**

Mich überläuft's!

**Faust:**

O schaudre nicht! Laß diesen Blick,
Laß diesen Händedruck dir sagen
Was unaussprechlich ist:
Sich hinzugeben ganz und eine Wonne
Zu fühlen, die ewig sein muß!
Ewig! – Ihr Ende würde Verzweiflung sein
Nein, kein Ende! Kein Ende!

*(Margarete drückt ihm die Hände, macht sich los und läuft weg. Er steht einen Augenblick in Gedanken, dann folgt er ihr.)*

**Marthe** *(kommend)*:

Die Nacht bricht an.

**Mephistopheles:**

Ja, und wir wollen fort.

**Marthe:**

Ich bät Euch, länger hier zu bleiben,
Allein es ist ein gar zu böser Ort.
Es ist, als hätte niemand nichts zu treiben
Und nichts zu schaffen,
Als auf des Nachbarn Schritt und Tritt zu gaffen,
Und man kommt ins Gered, wie man sich immer stellt.
Und unser Pärchen?

**Mephistopheles:**

Ist den Gang dort aufgeflogen.
Mutwill'ge Sommervögel!

**Marthe:**

Er scheint ihr gewogen.

**Mephistopheles:**

Und sie ihm auch. Das ist der Lauf der Welt.

## Ein Gartenhäuschen

***Margarete springt herein, steckt sich hinter die Tür, hält die Fingerspitze an die Lippen und guckt durch die Ritze.***

**Margarete:**

Er kommt!

**Faust** *(kommt)*:

Ach, Schelm, so neckst du mich!
Treff ich dich! *(Er küßt sie.)*

**Margarete** *(ihn fassend und den Kuß zurückgebend)* :

Bester Mann! von Herzen lieb ich dich!

*(Mephistopheles klopft an.)*

**Faust** *(stampfend)*:

Wer da?

**Mephistopheles:**

Gut Freund!

**Faust:**

Ein Tier!

**Mephistopheles:**

Es ist wohl Zeit zu scheiden.

**Marthe** *(kommt)*:

Ja, es ist spät, mein Herr.

**Faust:**

Darf ich Euch nicht geleiten?

**Margarete:**

Die Mutter würde mich – Lebt wohl!

**Faust:**

Muß ich denn gehn?
Lebt wohl!

**Marthe:**

Ade!

**Margarete:**

Auf baldig Wiedersehn!

*(Faust und Mephistopheles ab.)*

**Margarete:**

Du lieber Gott! was so ein Mann
Nicht alles, alles denken kann!
Beschämt nur steh ich vor ihm da
Und sag zu allen Sachen ja.
Bin doch ein arm unwissend Kind,
Begreife nicht, was er an mir findt. *(Ab.)*

## Wald und Höhle

**Faust** *allein.*

Erhabner Geist, du gabst mir, gabst mir alles,
Warum ich bat. Du hast mir nicht umsonst
Dein Angesicht im Feuer zugewendet.
Gabst mir die herrliche Natur zum Königreich,
Kraft, sie zu fühlen, zu genießen. Nicht
Kalt staunenden Besuch erlaubst du nur,
Vergönnest mir, in ihre tiefe Brust
Wie in den Busen eines Freunds zu schauen.
Du führst die Reihe der Lebendigen
Vor mir vorbei und lehrst mich meine Brüder

Im stillen Busch, in Luft und Wasser kennen.
Und wenn der Sturm im Walde braust und knarrt,
Die Riesenfichte stürzend Nachbaräste
Und Nachbarstämme quetschend niederstreift
Und ihrem Fall dumpf hohl der Hügel donnert,
Dann führst du mich zur sichern Höhle, zeigst
Mich dann mir selbst, und meiner eignen Brust
Geheime tiefe Wunder öffnen sich.
Und steigt vor meinem Blick der reine Mond
Besänftigend herüber, schweben mir
Von Felsenwänden, aus dem feuchten Busch
Der Vorwelt silberne Gestalten auf
Und lindern der Betrachtung strenge Lust.

O daß dem Menschen nichts Vollkommnes wird,
Empfind ich nun. Du gabst zu dieser Wonne,
Die mich den Göttern nah und näher bringt,
Mir den Gefährten, den ich schon nicht mehr
Entbehren kann, wenn er gleich, kalt und frech,
Mich vor mir selbst erniedrigt und zu Nichts,
Mit einem Worthauch, deine Gaben wandelt.
Er facht in meiner Brust ein wildes Feuer
Nach jenem schönen Bild geschäftig an.
So tauml ich von Begierde zu Genuß,
Und im Genuß verschmacht ich nach Begierde.

*Mephistopheles tritt auf.*

**Mephistopheles:**

Habt Ihr nun bald das Leben gnug geführt?
Wie kann's Euch in die Länge freuen?
Es ist wohl gut, daß man's einmal probiert
Dann aber wieder zu was Neuen!

**Faust:**

Ich wollt, du hättest mehr zu tun,
Als mich am guten Tag zu plagen.

**Mephistopheles:**

Nun, nun! ich laß dich gerne ruhn,
Du darfst mir's nicht im Ernste sagen.
An dir Gesellen, unhold, barsch und toll,
Ist wahrlich wenig zu verlieren.
Den ganzen Tag hat man die Hände voll!
Was ihm gefällt und was man lassen soll,
Kann man dem Herrn nie an der Nase spüren.

**Faust:**

Das ist so just der rechte Ton!
Er will noch Dank, daß er mich ennuyiert.

**Mephistopheles:**

Wie hättst du, armer Erdensohn
Dein Leben ohne mich geführt?
Vom Kribskrabs der Imagination
Hab ich dich doch auf Zeiten lang kuriert;
Und wär ich nicht, so wärst du schon
Von diesem Erdball abspaziert.
Was hast du da in Höhlen, Felsenritzen
Dich wie ein Schuhu zu versitzen?
Was schlurfst aus dumpfem Moos und triefendem Gestein
Wie eine Kröte Nahrung ein?
Ein schöner, süßer Zeitvertreib!
Dir steckt der Doktor noch im Leib.

**Faust:**

Verstehst du, was für neue Lebenskraft
Mir dieser Wandel in der Öde schafft?
Ja, würdest du es ahnen können,
Du wärest Teufel gnug, mein Glück mir nicht zu gönnen.

**Mephistopheles:**

Ein überirdisches Vergnügen.
In Nacht und Tau auf den Gebirgen liegen
Und Erd und Himmel wonniglich umfassen,

Zu einer Gottheit sich aufschwellen lassen,
Der Erde Mark mit Ahnungsdrang durchwühlen,
Alle sechs Tagewerk im Busen fühlen,
In stolzer Kraft ich weiß nicht was genießen,
Bald liebewonniglich in alles überfließen,
Verschwunden ganz der Erdensohn,
Und dann die hohe Intuition – *(mit einer Gebärde)*
Ich darf nicht sagen, wie – zu schließen.

**Faust:**

Pfui über dich!

**Mephistopheles:**

Das will Euch nicht behagen;
Ihr habt das Recht, gesittet pfui zu sagen.
Man darf das nicht vor keuschen Ohren nennen,
Was keusche Herzen nicht entbehren können.
Und kurz und gut, ich gönn Ihm das Vergnügen,
Gelegentlich sich etwas vorzulügen;
Doch lange hält Er das nicht aus.
Du bist schon wieder abgetrieben
Und, währt es länger, aufgerieben
In Tollheit oder Angst und Graus.
Genug damit! Dein Liebchen sitzt dadrinne,
Und alles wird ihr eng und trüb.
Du kommst ihr gar nicht aus dem Sinne,
Sie hat dich übermächtig lieb.
Erst kam deine Liebeswut übergeflossen,
Wie vom geschmolznen Schnee ein Bächlein übersteigt;
Du hast sie ihr ins Herz gegossen,
Nun ist dein Bächlein wieder seicht.
Mich dünkt, anstatt in Wäldern zu thronen,
Ließ' es dem großen Herren gut,
Das arme affenjunge Blut
Für seine Liebe zu belohnen.
Die Zeit wird ihr erbärmlich lang;
Sie steht am Fenster, sieht die Wolken ziehn

Über die alte Stadtmauer hin.
„Wenn ich ein Vöglein wär!“ so geht ihr Gesang
Tage lang, halbe Nächte lang.
Einmal ist sie munter, meist betrübt,
Einmal recht ausgeweint,
Dann wieder ruhig, wie's scheint,
Und immer verliebt.

**Faust:**

Schlange! Schlange!

**Mephistopheles** *(für sich)*:

Gelt! daß ich dich fange!

**Faust:**

Verruchter! hebe dich von hinnen,
Und nenne nicht das schöne Weib!
Bring die Begier zu ihrem süßen Leib
Nicht wieder vor die halb verrückten Sinnen!

**Mephistopheles:**

Was soll es denn? Sie meint, du seist entflohn,
Und halb und halb bist du es schon.

**Faust:**

Ich bin ihr nah, und wär ich noch so fern,
Ich kann sie nie vergessen, nie verlieren
Ja, ich beneide schon den Leib des Herrn,
Wenn ihre Lippen ihn indes berühren.

**Mephistopheles:**

Gar wohl, mein Freund! Ich hab Euch oft beneidet
Ums Zwillingspaar, das unter Rosen weidet.

**Faust:**

Entfliehe, Kuppler!

**Mephistopheles:**

Schön! Ihr schimpft, und ich muß lachen.
Der Gott, der Bub' und Mädchen schuf,
Erkannte gleich den edelsten Beruf,
Auch selbst Gelegenheit zu machen.
Nur fort, es ist ein großer Jammer!
Ihr sollt in Eures Liebchens Kammer,
Nicht etwa in den Tod.

**Faust:**

Was ist die Himmelsfreud in ihren Armen?
Laß mich an ihrer Brust erwarmen!
Fühl ich nicht immer ihre Not?
Bin ich der Flüchtling nicht? der Unbehauste?
Der Unmensch ohne Zweck und Ruh,
Der wie ein Wassersturz von Fels zu Felsen brauste,
Begierig wütend nach dem Abgrund zu?
Und seitwärts sie, mit kindlich dumpfen Sinnen,
Im Hüttchen auf dem kleinen Alpenfeld,
Und all ihr häusliches Beginnen
Umfangen in der kleinen Welt.
Und ich, der Gottverhaßte,
Hatte nicht genug,
Daß ich die Felsen faßte
Und sie zu Trümmern schlug!
Sie, ihren Frieden mußt ich untergraben!
Du, Hölle, mußtest dieses Opfer haben.
Hilf, Teufel, mir die Zeit der Angst verkürzen.
Was muß geschehn, mag's gleich geschehn!
Mag ihr Geschick auf mich zusammenstürzen
Und sie mit mir zugrunde gehn!

**Mephistopheles:**

Wie's wieder siedet, wieder glüht!
Geh ein und tröste sie, du Tor!
Wo so ein Köpfchen keinen Ausgang sieht,

Stellt er sich gleich das Ende vor.
Es lebe, wer sich tapfer hält!
Du bist doch sonst so ziemlich eingeteufelt.
Nichts Abgeschmackters find ich auf der Welt
Als einen Teufel, der verzweifelt.

## Gretchens Stube

***Gretchen (am Spinnrad, allein)***

**Gretchen:**

Meine Ruh ist hin,
Mein Herz ist schwer;
Ich finde sie nimmer
und nimmermehr.

Wo ich ihn nicht hab,
Ist mir das Grab,
Die ganze Welt
Ist mir vergällt.

Mein armer Kopf
Ist mir verrückt,
Meiner armer Sinn
Ist mir zerstückt.

Meine Ruh ist hin,
Mein Herz ist schwer,
Ich finde sie nimmer
und nimmermehr.

Nach ihm nur schau ich
Zum Fenster hinaus,
Nach ihm nur geh ich
Aus dem Haus.

Sein hoher Gang,
Sein edle Gestalt,

Seines Mundes Lächeln,
Seiner Augen Gewalt,

Und seiner Rede
Zauberfluß,
Sein Händedruck,
Und ach! sein Kuß!

Meine Ruh ist hin,
Mein Herz ist schwer,
Ich finde sie nimmer
und nimmermehr.

Mein Busen drängt
Sich nach ihm hin,
Ach dürft ich fassen
Und halten ihn,

Und küssen ihn,
So wie ich wollt,
An seinen Küssen
Vergehen sollt!

## Marthens Garten

***Margarete. Faust.***

**Margarete:**

Versprich mir, Heinrich!

**Faust:**

Was ich kann!

**Margarete:**

Nun sag, wie hast du's mit der Religion?
Du bist ein herzlich guter Mann,
Allein ich glaub, du hältst nicht viel davon.

**Faust:**

Laß das, mein Kind! Du fühlst, ich bin dir gut;
Für meine Lieben ließ' ich Leib und Blut,
Will niemand sein Gefühl und seine Kirche rauben.

**Margarete:**

Das ist nicht recht, man muß dran glauben.

**Faust:**

Muß man?

**Margarete:**

Ach! wenn ich etwas auf dich konnte!
Du ehrst auch nicht die heil'gen Sakramente.

**Faust:**

Ich ehre sie.

**Margarete:**

Doch ohne Verlangen.
Zur Messe, zur Beichte bist du lange nicht gegangen.
Glaubst du an Gott?

**Faust:**

Mein Liebchen, wer darf sagen:
Ich glaub an Gott?
Magst Priester oder Weise fragen,
Und ihre Antwort scheint nur Spott
Über den Frager zu sein.

**Margarete:**

So glaubst du nicht?

**Faust:**

Mißhör mich nicht, du holdes Angesicht!
Wer darf ihn nennen?
Und wer bekennen:

„Ich glaub ihn!“?
Wer empfinden,
Und sich unterwinden
Zu sagen: „Ich glaub ihn nicht!“?
Der Allumfasser,
Der Allerhalter,
Faßt und erhält er nicht
Dich, mich, sich selbst?
Wölbt sich der Himmel nicht da droben?
Liegt die Erde nicht hier unten fest?
Und steigen freundlich blickend
Ewige Sterne nicht herauf?
Schau ich nicht Aug in Auge dir,
Und drängt nicht alles
Nach Haupt und Herzen dir,
Und webt in ewigem Geheimnis
Unsichtbar sichtbar neben dir?
Erfüll davon dein Herz, so groß es ist,
Und wenn du ganz in dem Gefühle selig bist,
Nenn es dann, wie du willst,
Nenn's Glück! Herz! Liebe! Gott
Ich habe keinen Namen
Dafür! Gefühl ist alles;
Name ist Schall und Rauch,
Umnebelnd Himmelsglut.

**Margarete:**

Das ist alles recht schön und gut;
Ungefähr sagt das der Pfarrer auch,
Nur mit ein bißchen andern Worten.

**Faust:**

Es sagen's allerorten
Alle Herzen unter dem himmlischen Tage,
Jedes in seiner Sprache;
Warum nicht ich in der meinen?

**Margarete:**

Wenn man's so hört, möcht's leidlich scheinen,
Steht aber doch immer schief darum;
Denn du hast kein Christentum.

**Faust:**

Liebs Kind!

**Margarete:**

Es tut mir lange schon weh,
Daß ich dich in der Gesellschaft seh.

**Faust:**

Wieso?

**Margarete:**

Der Mensch, den du da bei dir hast,
Ist mir in tiefer innrer Seele verhaßt;
Es hat mir in meinem Leben
So nichts einen Stich ins Herz gegeben
Als des Menschen widrig Gesicht.

**Faust:**

Liebe Puppe, fürcht ihn nicht!

**Margarete:**

Seine Gegenwart bewegt mir das Blut.
Ich bin sonst allen Menschen gut;
Aber wie ich mich sehne, dich zu schauen,
Hab ich vor dem Menschen ein heimlich Grauen,
Und halt ihn für einen Schelm dazu!
Gott verzeih mir's, wenn ich ihm unrecht tu!

**Faust:**

Es muß auch solche Käuze geben.

**Margarete:**

Wollte nicht mit seinesgleichen leben!
Kommt er einmal zur Tür herein,
Sieht er immer so spöttisch drein
Und halb ergrimmt;
Man sieht, daß er an nichts keinen Anteil nimmt;
Es steht ihm an der Stirn geschrieben,
Daß er nicht mag eine Seele lieben.
Mir wird's so wohl in deinem Arm,
So frei, so hingegeben warm,
Und seine Gegenwart schnürt mir das Innre zu.

**Faust:**

Du ahnungsvoller Engel du!

**Margarete:**

Das übermannt mich so sehr,
Daß, wo er nur mag zu uns treten,
Mein ich sogar, ich liebte dich nicht mehr.
Auch, wenn er da ist, könnt ich nimmer beten,
Und das frißt mir ins Herz hinein;
Dir, Heinrich, muß es auch so sein.

**Faust:**

Du hast nun die Antipathie!

**Margarete:**

Ich muß nun fort.

**Faust:**

Ach kann ich nie
Ein Stündchen ruhig dir am Busen hängen
Und Brust an Brust und Seel in Seele drängen?

**Margarete:**

Ach wenn ich nur alleine schlief!
Ich ließ dir gern heut nacht den Riegel offen;

Doch meine Mutter schläft nicht tief,
Und würden wir von ihr betroffen,
Ich wär gleich auf der Stelle tot!

**Faust:**

Du Engel, das hat keine Not.
Hier ist ein Fläschchen!
Drei Tropfen nur In ihren Trank umhüllen
Mit tiefem Schlaf gefällig die Natur.

**Margarete:**

Was tu ich nicht um deinetwillen?
Es wird ihr hoffentlich nicht schaden!

**Faust:**

Würd ich sonst, Liebchen, dir es raten?

**Margarete:**

Seh ich dich, bester Mann, nur an,
Weiß nicht, was mich nach deinem Willen treibt,
Ich habe schon so viel für dich getan,
Daß mir zu tun fast nichts mehr übrigbleibt. *(Ab.)*

*Mephistopheles tritt auf.*

**Mephistopheles:**

Der Grasaff! ist er weg?

**Faust:**

Hast wieder spioniert?

**Mephistopheles:**

Ich hab's ausführlich wohl vernommen,
Herr Doktor wurden da katechisiert;
Hoff, es soll Ihnen wohl bekommen.
Die Mädels sind doch sehr interessiert,
Ob einer fromm und schlicht nach altem Brauch.
Sie denken: duckt er da, folgt er uns eben auch.

**Faust:**

Du Ungeheuer siehst nicht ein,
Wie diese treue liebe Seele
Von ihrem Glauben voll,
Der ganz allein
Ihr seligmachend ist, sich heilig quäle,
Daß sie den liebsten Mann verloren halten soll.

**Mephistopheles:**

Du übersinnlicher sinnlicher Freier,
Ein Mägdelein nasführet dich.

**Faust:**

Du Spottgeburt von Dreck und Feuer!

**Mephistopheles:**

Und die Physiognomie versteht sie meisterlich:
In meiner Gegenwart wird's ihr, sie weiß nicht wie,
Mein Mäskchen da weissagt verborgnen Sinn;
Sie fühlt, daß ich ganz sicher ein Genie,
Vielleicht wohl gar der Teufel bin.
Nun, heute nacht –?

**Faust:**

Was geht dich's an?

**Mephistopheles:**

Hab ich doch meine Freude dran!

## Am Brunnen

***Gretchen und Lieschen mit Krügen.***

**Lieschen:**

Hast nichts von Bärbelchen gehört?

**Gretchen:**

Kein Wort. Ich komm gar wenig unter Leute.

**Lieschen:**

Gewiß, Sibylle sagt' mir's heute:
Die hat sich endlich auch betört.
Das ist das Vornehmtun!

**Gretchen:**

Wieso?

**Lieschen:**

Es stinkt!
Sie füttert zwei, wenn sie nun ißt und trinkt.

**Gretchen:**

Ach!

**Lieschen:**

So ist's ihr endlich recht ergangen.
Wie lange hat sie an dem Kerl gehangen!
Das war ein Spazieren,
Auf Dorf und Tanzplatz Führen,
Mußt überall die Erste sein,
Kurtesiert ihr immer mit Pastetchen und Wein;
Bildt sich was auf ihre Schönheit ein,
War doch so ehrlos, sich nicht zu schämen,
Geschenke von ihm anzunehmen.
War ein Gekos und ein Geschleck;
Da ist denn auch das Blümchen weg!

**Gretchen:**

Das arme Ding!

**Lieschen:**

Bedauerst sie noch gar!
Wenn unsereins am Spinnen war,

Uns nachts die Mutter nicht hinunterließ,
Stand sie bei ihrem Buhlen süß;
Auf der Türbank und im dunkeln Gang
Ward ihnen keine Stunde zu lang.
Da mag sie denn sich ducken nun,
Im Sünderhemdchen Kirchbuß tun!

**Gretchen:**

Er nimmt sie gewiß zu seiner Frau.

**Lieschen:**

Er wär ein Narr! Ein flinker Jung
Hat anderwärts noch Luft genung.
Er ist auch fort.

**Gretchen:**

Das ist nicht schön!

**Lieschen:**

Kriegt sie ihn, soll's ihr übel gehn,
Das Kränzel reißen die Buben ihr,
Und Häckerling streuen wir vor die Tür! *(Ab.)*

**Gretchen:** *(nach Hause gehend)*:

Wie konnt ich sonst so tapfer schmälen,
Wenn tät ein armes Mägdlein fehlen!
Wie konnt ich über andrer Sünden
Nicht Worte gnug der Zunge finden!
Wie schien mir's schwarz, und schwärzt's noch gar,
Mir's immer doch nicht schwarz gnug war,
Und segnet mich und tat so groß,
Und bin nun selbst der Sünde bloß!
Doch – alles, was dazu mich trieb,
Gott! war so gut! ach, war so lieb!

## Zwinger

***In der Mauerhöhle ein Andachtsbild der Mater dolorosa, Blumenkruge davor.***

***Gretchen steckt frische Blumen in die Kruge.***

Ach neige,
Du Schmerzenreiche,
Dein Antlitz gnädig meiner Not!

Das Schwert im Herzen,
Mit tausend Schmerzen
Blickst auf zu deines Sohnes Tod.

Zum Vater blickst du,
Und Seufzer schickst du
Hinauf um sein' und deine Not.

Wer fühlet,
Wie wühlet
Der Schmerz mir im Gebein?
Was mein armes Herz hier banget,
Was es zittert, was verlanget,
Weißt nur du, nur du allein!

Wohin ich immer gehe
Wie weh, wie weh, wie wehe
Wird mir im Busen hier!
Ich bin, ach! kaum alleine,
Ich wein, ich wein, ich weine,
Das Herz zerbricht in mir.

Die Scherben vor meinem Fenster
Betaut ich mit Tränen, ach!
Als ich am frühen Morgen
Dir diese Blumen brach.

Schien hell in meine Kammer
Die Sonne früh herauf,
Saß ich in allem Jammer
In meinem Bett schon auf.

Hilf! rette mich von Schmach und Tod!
Ach neige,
Du Schmerzenreiche,
Dein Antlitz gnädig meiner Not!

## Nacht. Straße vor Gretchens Türe

***Valentin, Soldat, Gretchens Bruder.***

Wenn ich so saß bei einem Gelag,
Wo mancher sich berühmen mag,
Und die Gesellen mir den Flor
Der Mägdlein laut gepriesen vor,
Mit vollem Glas das Lob verschwemmt,
Den Ellenbogen aufgestemmt,
Saß ich in meiner sichern Ruh,
Hört all dem Schwadronieren zu
Und streiche lächelnd meinen Bart
Und kriege das volle Glas zur Hand
Und sage: „Alles nach seiner Art!
Aber ist eine im ganzen Land,
Die meiner trauten Gretel gleicht,
Die meiner Schwester das Wasser reicht?“
Topp! Topp! Kling! Klang! das ging herum;
Die einen schrieen: „Er hat recht,
Sie ist die Zier vom ganzen Geschlecht.“
Da saßen alle die Lober stumm.
Und nun! – um's Haar sich auszuraufen
Und an den Wänden hinaufzulaufen! –
Mit Stichelreden, Naserümpfen
Soll jeder Schurke mich beschimpfen!
Soll wie ein böser Schuldner sitzen
Bei jedem Zufallswörtchen schwitzen!
Und möcht ich sie zusammenschmeißen
Könnt ich sie doch nicht Lügner heißen.

Was kommt heran? Was schleicht herbei?
Irr ich nicht, es sind ihrer zwei.
Ist er's, gleich pack ich ihn beim Felle
Soll nicht lebendig von der Stelle!

*Faust. Mephistopheles.*

**Faust:**

Wie von dem Fenster dort der Sakristei
Aufwärts der Schein des Ew'gen Lämpchens flämmert
Und schwach und schwächer seitwärts dämmert,
Und Finsternis drängt ringsum bei!
So sieht's in meinem Busen nächtig.

**Mephistopheles:**

Und mir ist's wie dem Kätzlein schmächtig,
Das an den Feuerleitern schleicht,
Sich leis dann um die Mauern streicht;
Mir ist's ganz tugendlich dabei,
Ein bißchen Diebsgelüst, ein bißchen Rammelei.
So spukt mir schon durch alle Glieder
Die herrliche Walpurgisnacht.
Die kommt uns übermorgen wieder,
Da weiß man doch, warum man wacht.

**Faust:**

Rückt wohl der Schatz indessen in die Höh,
Den ich dort hinten flimmern seh?

**Mephistopheles:**

Du kannst die Freude bald erleben,
Das Kesselchen herauszuheben.
Ich schielte neulich so hinein,
Sind herrliche Löwentaler drein.

**Faust:**

Nicht ein Geschmeide, nicht ein Ring,
Meine liebe Buhle damit zu zieren?

**Mephistopheles:**

Ich sah dabei wohl so ein Ding,
Als wie eine Art von Perlenschnüren.

**Faust:**

So ist es recht! Mir tut es weh,
Wenn ich ohne Geschenke zu ihr geh.

**Mephistopheles:**

Es sollt Euch eben nicht verdrießen,
Umsonst auch etwas zu genießen.
Jetzt, da der Himmel voller Sterne glüht,
Sollt Ihr ein wahres Kunststück hören:
Ich sing ihr ein moralisch Lied,
Um sie gewisser zu betören. *(Singt zur Zither.)*

Was machst du mir
Vor Liebchens Tür,
Kathrinchen, hier
Bei frühem Tagesblicke?
Laß, laß es sein!
Er läßt dich ein
Als Mädchen ein,
Als Mädchen nicht zurücke.

Nehmt euch in acht!
Ist es vollbracht,
Dann gute Nacht'
Ihr armen, armen Dinger!
Habt ihr euch lieb,
Tut keinem Dieb
Nur nichts zulieb
Als mit dem Ring am Finger.

**Valentin** *(tritt vor)*:

Wen lockst du hier? beim Element!
Vermaledeiter Rattenfänger!

Zum Teufel erst das Instrument!
Zum Teufel hinterdrein den Sänger!

**Mephistopheles:**

Die Zither ist entzwei! an der ist nichts zu halten.

**Valentin:**

Nun soll es an ein Schädelspalten!

**Mephistopheles** *(zu Faust)*:

Herr Doktor, nicht gewichen! Frisch!
Hart an mich an, wie ich Euch führe.
Heraus mit Eurem Flederwisch!
Nur zugestoßen! ich pariere.

**Valentin:**

Pariere den!

**Mephistopheles:**

Warum denn nicht?

**Valentin:**

Auch den!

**Mephistopheles:**

Gewiß!

**Valentin:**

Ich glaub, der Teufel ficht!
Was ist denn das? Schon wird die Hand mir lahm.

**Mephistopheles** *(zu Faust)*:

Stoß zu!

**Valentin** *(fällt)*:

O weh!

**Mephistopheles:**

Nun ist der Lümmel zahm!
Nun aber fort! Wir müssen gleich verschwinden
Denn schon entsteht ein mörderlich Geschrei.
Ich weiß mich trefflich mit der Polizei,
Doch mit dem Blutbann schlecht mich abzufinden.

**Marthe** *(am Fenster)*:

Heraus! Heraus!

**Gretchen** *(am Fenster)*:

Herbei ein Licht!

**Marthe** *(wie oben)*:

Man schilt und rauft, man schreit und ficht.

**Volk:**

Da liegt schon einer tot!

**Marthe** *(heraustretend)*:

Die Mörder, sind sie denn entflohn?

**Gretchen** *(heraustretend)*:

Wer liegt hier?

**Volk:**

Deiner Mutter Sohn.

**Gretchen:**

Allmächtiger! welche Not!

**Valentin:**

Ich sterbe! das ist bald gesagt
Und balder noch getan.
Was steht ihr Weiber, heult und klagt?
Kommt her und hört mich an! *(Alle treten um ihn.)*
Mein Gretchen, sieh! du bist noch jung,

Bist gar noch nicht gescheit genung,
Machst deine Sachen schlecht.
Ich sag dir's im Vertrauen nur:
Du bist doch nun einmal eine Hur,
So sei's auch eben recht!

**Gretchen:**

Mein Bruder! Gott! Was soll mir das?

**Valentin:**

Laß unsern Herrgott aus dem Spaß!
Geschehn ist leider nun geschehn
Und wie es gehn kann, so wird's gehn.
Du fingst mit *einem* heimlich an
Bald kommen ihrer mehre dran,
Und wenn dich erst ein Dutzend hat,
So hat dich auch die ganze Stadt.

Wenn erst die Schande wird geboren,
Wird sie heimlich zur Welt gebracht,
Und man zieht den Schleier der Nacht
Ihr über Kopf und Ohren;
Ja, man möchte sie gern ermorden.
Wächst sie aber und macht sich groß,
Dann geht sie auch bei Tage bloß
Und ist doch nicht schöner geworden.
Je häßlicher wird ihr Gesicht,
Je mehr sucht sie des Tages Licht.

Ich seh wahrhaftig schon die Zeit,
Daß alle brave Bürgersleut,
Wie von einer angesteckten Leichen,
Von dir, du Metze! seitab weichen.
Dir soll das Herz im Leib verzagen,
Wenn sie dir in die Augen sehn!
Sollst keine goldne Kette mehr tragen!
In der Kirche nicht mehr am Altar stehn!
In einem schönen Spitzenkragen

Dich nicht beim Tanze wohlbehagen!
In eine finstre Jammerecken
Unter Bettler und Krüppel dich verstecken,
Und, wenn dir dann auch Gott verzeiht,
Auf Erden sein vermaledeit!

**Marthe:**

Befehlt Eure Seele Gott zu Gnaden!
Wollt Ihr noch Lästrung auf Euch laden?

**Valentin:**

Könnt ich dir nur an den dürren Leib,
Du schändlich kupplerisches Weib!
Da hofft ich aller meiner Sünden
Vergebung reiche Maß zu finden.

**Gretchen:**

Mein Bruder! Welche Höllenpein!

**Valentin:**

Ich sage, laß die Tränen sein!
Da du dich sprachst der Ehre los,
Gabst mir den schwersten Herzensstoß.
Ich gehe durch den Todesschlaf
Zu Gott ein als Soldat und brav. *(Stirbt.)*

## Dom

***Amt, Orgel und Gesang.***

***Gretchen unter vielem Volke. Böser Geist hinter Gretchen.***

**Böser Geist:**

Wie anders, Gretchen, war dir's,
Als du noch voll Unschuld
Hier zum Altar tratst
Aus dem vergriffnen Büchelchen

Gebete lalltest,
Halb Kinderspiele,
Halb Gott im Herzen!
Gretchen!
Wo steht dein Kopf?
In deinem Herzen
Welche Missetat?
Betst du für deiner Mutter Seele, die
Durch dich zur langen, langen Pein hinüberschlief?
Auf deiner Schwelle wessen Blut?
– Und unter deinem Herzen
Regt sich's nicht quillend schon
Und ängstet dich und sich
Mit ahnungsvoller Gegenwart?

**Gretchen:**

Weh! Weh!
Wär ich der Gedanken los,
Die mir herüber und hinüber gehen
Wider mich!

**Chor:**

Dies irae, dies illa
Solvet saeclum in favilla.

*(Orgelton.)*

**Böser Geist:**

Grimm faßt dich!
Die Posaune tönt!
Die Gräber beben!
Und dein Herz,
Aus Aschenruh
Zu Flammenqualen
Wieder aufgeschaffen,
Bebt auf!

**Gretchen:**

Wär ich hier weg!
Mir ist, als ob die Orgel mir
Den Atem versetzte,
Gesang mein Herz
Im Tiefsten löste.

**Chor:**

Judex ergo cum sedebit,
Quidquid latet adparebit,
Nil inultum remanebit.

**Gretchen:**

Mir wird so eng!
Die Mauernpfeiler
Befangen mich!
Das Gewölbe
Drängt mich! – Luft!

**Böser Geist:**

Verbirg dich! Sünd und Schande
Bleibt nicht verborgen.
Luft? Licht?
Weh dir!

**Chor:**

Quid sum miser tunc dicturus?
Quem patronum rogaturus?
Cum vix justus sit securus.

**Böser Geist:**

Ihr Antlitz wenden
Verklärte von dir ab.
Die Hände dir zu reichen,
Schauert's den Reinen.
Weh!

**Chor:**

Quid sum miser tunc dicturus?

**Gretchen:**

Nachbarin! Euer Fläschchen!

*(Sie fällt in Ohnmacht.)*

## Walpurgisnacht

### *Harzgebirg*

### *Gegend von Schierke und Elend*

***Faust. Mephistopheles.***

**Mephistopheles:**

Verlangst du nicht nach einem Besenstiele?
Ich wünschte mir den allerderbsten Bock.
Auf diesem Weg sind wir noch weit vom Ziele.

**Faust:**

Solang ich mich noch frisch auf meinen Beinen fühle,
Genügt mir dieser Knotenstock.
Was hilft's, daß man den Weg verkürzt! –
Im Labyrinth der Täler hinzuschleichen,
Dann diesen Felsen zu ersteigen,
Von dem der Quell sich ewig sprudelnd stürzt,
Das ist die Lust, die solche Pfade würzt!
Der Frühling webt schon in den Birken,
Und selbst die Fichte fühlt ihn schon;
Sollt er nicht auch auf unsre Glieder wirken?

**Mephistopheles:**

Fürwahr, ich spüre nichts davon!
Mir ist es winterlich im Leibe,
Ich wünschte Schnee und Frost auf meiner Bahn.
Wie traurig steigt die unvollkommne Scheibe

Des roten Monds mit später Glut heran
Und leuchtet schlecht, daß man bei jedem Schritte
Vor einen Baum, vor einen Felsen rennt!
Erlaub, daß ich ein Irrlicht bitte!
Dort seh ich eins, das eben lustig brennt.
Heda! mein Freund! darf ich dich zu uns fodern?
Was willst du so vergebens lodern?
Sei doch so gut und leucht uns da hinauf!

**Irrlicht:**

Aus Ehrfurcht, hoff ich, soll es mir gelingen,
Mein leichtes Naturell zu zwingen;
Nur zickzack geht gewöhnlich unser Lauf.

**Mephistopheles:**

Ei! Ei! Er denkt's den Menschen nachzuahmen.
Geh Er nur grad, in 's Teufels Namen!
Sonst blas ich ihm sein Flackerleben aus.

**Irrlicht:**

Ich merke wohl, Ihr seid der Herr vom Haus,
Und will mich gern nach Euch bequemen.
Allein bedenkt! der Berg ist heute zaubertoll
Und wenn ein Irrlicht Euch die Wege weisen soll
So müßt Ihr's so genau nicht nehmen.

**Faust,**

Mephistopheles,

Irrlicht *(im Wechselgesang)*:

In die Traum- und Zaubersphäre
Sind wir, scheint es, eingegangen.
Führ uns gut und mach dir Ehre
Daß wir vorwärts bald gelangen
In den weiten, öden Räumen!
Seh die Bäume hinter Bäumen,
Wie sie schnell vorüberrücken,

Und die Klippen, die sich bücken,
Und die langen Felsennasen,
Wie sie schnarchen, wie sie blasen!

Durch die Steine, durch den Rasen
Eilet Bach und Bächlein nieder.
Hör ich Rauschen? hör ich Lieder?
Hör ich holde Liebesklage,
Stimmen jener Himmelstage?
Was wir hoffen, was wir lieben!
Und das Echo, wie die Sage
Alter Zeiten, hallet wider.

„Uhu! Schuhu!" tönt es näher,
Kauz und Kiebitz und der Häher,
Sind sie alle wach geblieben?
Sind das Molche durchs Gesträuche?
Lange Beine, dicke Bäuche!
Und die Wurzeln, wie die Schlangen,
Winden sich aus Fels und Sande,
Strecken wunderliche Bande,
Uns zu schrecken, uns zu fangen;
Aus belebten derben Masern
Strecken sie Polypenfasern
Nach dem Wandrer. Und die Mäuse
Tausendfärbig, scharenweise,
Durch das Moos und durch die Heide!
Und die Funkenwürmer fliegen
Mit gedrängten Schwärmezügen
Zum verwirrenden Geleite.

Aber sag mir, ob wir stehen
Oder ob wir weitergehen?
Alles, alles scheint zu drehen,
Fels und Bäume, die Gesichter
Schneiden, und die irren Lichter,
Die sich mehren, die sich blähen.

**Mephistopheles:**

Fasse wacker meinen Zipfel!
Hier ist so ein Mittelgipfel
Wo man mit Erstaunen sieht,
Wie im Berg der Mammon glüht.

**Faust:**

Wie seltsam glimmert durch die Gründe
Ein morgenrötlich trüber Schein!
Und selbst bis in die tiefen Schlünde
Des Abgrunds wittert er hinein.
Da steigt ein Dampf, dort ziehen Schwaden,
Hier leuchtet Glut aus Dunst und Flor
Dann schleicht sie wie ein zarter Faden
Dann bricht sie wie ein Quell hervor.
Hier schlingt sie eine ganze Strecke
Mit hundert Adern sich durchs Tal,
Und hier in der gedrängten Ecke
Vereinzelt sie sich auf einmal.
Da sprühen Funken in der Nähe
Wie ausgestreuter goldner Sand.
Doch schau! in ihrer ganzen Höhe
Entzündet sich die Felsenwand.

**Mephistopheles:**

Erleuchtet nicht zu diesem Feste
Herr Mammon prächtig den Palast?
Ein Glück, daß du's gesehen hast,
Ich spüre schon die ungestümen Gäste.

**Faust:**

Wie rast die Windsbraut durch die Luft!
Mit welchen Schlägen trifft sie meinen Nacken!

**Mephistopheles:**

Du mußt des Felsens alte Rippen packen
Sonst stürzt sie dich hinab in dieser Schlünde Gruft.

Ein Nebel verdichtet die Nacht.
Höre, wie's durch die Wälder kracht!
Aufgescheucht fliegen die Eulen.
Hör, es splittern die Säulen
Ewig grüner Paläste.
Girren und Brechen der Aste!
Der Stämme mächtiges Dröhnen!
Der Wurzeln Knarren und Gähnen!
Im fürchterlich verworrenen Falle
Übereinander krachen sie alle
Und durch die übertrümmerten Klüfte
Zischen und heulen die Lüfte.
Hörst du Stimmen in der Höhe?
In der Ferne, in der Nähe?
Ja, den ganzen Berg entlang
Strömt ein wütender Zaubergesang!

**Hexen** *(im Chor)*:

Die Hexen zu dem Brocken ziehn,
Die Stoppel ist gelb, die Saat ist grün.
Dort sammelt sich der große Hauf,
Herr Urian sitzt oben auf.
So geht es über Stein und Stock,
Es farzt die Hexe, es stinkt der Bock.

**Stimme:**

Die alte Baubo kommt allein,
Sie reitet auf einem Mutterschwein.

**Chor:**

So Ehre denn, wem Ehre gebührt!
Frau Baubo vor! und angeführt!
Ein tüchtig Schwein und Mutter drauf,
Da folgt der ganze Hexenhauf.

**Stimme:**

Welchen Weg kommst du her?

**Stimme:**

Übern Ilsenstein!
Da guckt ich der Eule ins Nest hinein,
Die macht ein Paar Augen!

**Stimme:**

O fahre zur Hölle!
Was reitst du so schnelle!

**Stimme:**

Mich hat sie geschunden,
Da sieh nur die Wunden!

**Hexen, Chor:**

Der Weg ist breit, der Weg ist lang,
Was ist das für ein toller Drang?
Die Gabel sticht, der Besen kratzt,
Das Kind erstickt, die Mutter platzt.

**Hexenmeister, halber Chor:**

Wir schleichen wie die Schneck im Haus,
Die Weiber alle sind voraus.
Denn, geht es zu des Bösen Haus,
Das Weib hat tausend Schritt voraus.

**Andere Hälfte:**

Wir nehmen das nicht so genau,
Mit tausend Schritten macht's die Frau;
Doch wie sie sich auch eilen kann,
Mit einem Sprunge macht's der Mann.

**Stimme** *(oben)*:

Kommt mit, kommt mit, vom Felsensee!

**Stimmen** *(von unten)*:

Wir möchten gerne mit in die Höh.
Wir waschen, und blank sind wir ganz und gar;
Aber auch ewig unfruchtbar.

**Beide Chöre:**

Es schweigt der Wind, es flieht der Stern,
Der trübe Mond verbirgt sich gern.
Im Sausen sprüht das Zauberchor
Viel tausend Feuerfunken hervor.

**Stimme** *(von unten)*:

Halte! Haltet

**Stimme** *(oben)*:

Wer ruft da aus der Felsenspalte?

**Stimme** *(von unten)*:

Nehmt mich mit! Nehmt mich mit!
Ich steige schon dreihundert Jahr,
Und kann den Gipfel nicht erreichen
Ich wäre gern bei meinesgleichen.

**Beide Chöre:**

Es trägt der Besen, trägt der Stock
Die Gabel trägt, es trägt der Bock
Wer heute sich nicht heben kann
Ist ewig ein verlorner Mann.

**Halbhexe** *(unten)*:

Ich tripple nach, so lange Zeit;
Wie sind die andern schon so weit!
Ich hab zu Hause keine Ruh
Und komme hier doch nicht dazu.

**Chor der Hexen:**

Die Salbe gibt den Hexen Mut,
Ein Lumpen ist zum Segel gut
Ein gutes Schiff ist jeder Trog
Der flieget nie, der heut nicht flog.

**Beide Chöre:**

Und wenn wir um den Gipfel ziehn,
So streichet an dem Boden hin
Und deckt die Heide weit und breit
Mit eurem Schwarm der Hexenheit

*(Sie lassen sich nieder.)*

**Mephistopheles:**

Das drängt und stößt, das ruscht und klappert!
Das zischt und quirlt, das zieht und plappert!
Das leuchtet, sprüht und stinkt und brennt!
Ein wahres Hexenelement!
Nur fest an mir! sonst sind wir gleich getrennt.
Wo bist du?

**Faust** *(in der Ferne)*:

Hier!

**Mephistopheles:**

Was! dort schon hingerissen?
Da werd ich Hausrecht brauchen müssen.
Platz! Junker Voland kommt. Platz! süßer Pöbel, Platz!
Hier, Doktor, fasse mich! und nun in *einem* Satz
Laß uns aus dem Gedräng entweichen;
Es ist zu toll, sogar für meinesgleichen.
Dortneben leuchtet was mit ganz besondrem Schein,
Es zieht mich was nach jenen Sträuchen.
Komm, komm! wir schlupfen da hinein.

**Faust:**

Du Geist des Widerspruchs! Nur zu! du magst mich führen.
Ich denke doch, das war recht klug gemacht:
Zum Brocken wandeln wir in der Walpurgisnacht,
Um uns beliebig nun hieselbst zu isolieren.

**Mephistopheles:**

Da sieh nur, welche bunten Flammen!
Es ist ein muntrer Klub beisammen.
Im Kleinen ist man nicht allein.

**Faust:**

Doch droben möcht ich lieber sein!
Schon seh ich Glut und Wirbelrauch.
Dort strömt die Menge zu dem Bösen;
Da muß sich manches Rätsel lösen.

**Mephistopheles:**

Doch manches Rätsel knüpft sich auch.
Laß du die große Welt nur sausen,
Wir wollen hier im stillen hausen.
Es ist doch lange hergebracht,
Daß in der großen Welt man kleine Welten macht.
Da seh ich junge Hexchen, nackt und bloß,
Und alte, die sich klug verhüllen.
Seid freundlich, nur um meinetwillen;
Die Müh ist klein, der Spaß ist groß.
Ich höre was von Instrumenten tönen!
Verflucht Geschnarr! Man muß sich dran gewohnen.
Komm mit! Komm mit! Es kann nicht anders sein,
Ich tret heran und führe dich herein,
Und ich verbinde dich aufs neue.
Was sagst du, Freund? das ist kein kleiner Raum.
Da sieh nur hin! du siehst das Ende kaum.
Ein Hundert Feuer brennen in der Reihe
Man tanzt, man schwatzt, man kocht, man trinkt, man liebt
Nun sage mir, wo es was Bessers gibt?

**Faust:**

Willst du dich nun, um uns hier einzuführen,
Als Zaubrer oder Teufel produzieren?

**Mephistopheles:**

Zwar bin ich sehr gewohnt, inkognito zu gehn,
Doch läßt am Galatag man seinen Orden sehn.
Ein Knieband zeichnet mich nicht aus,
Doch ist der Pferdefuß hier ehrenvoll zu Haus.
Siehst du die Schnecke da? sie kommt herangekrochen;
Mit ihrem tastenden Gesicht
Hat sie mir schon was abgerochen.
Wenn ich auch will, verleugn ich hier mich nicht.
Komm nur! von Feuer gehen wir zu Feuer,
Ich bin der Werber, und du bist der Freier.

*(Zu einigen, die um verglimmende Kohlen sitzen:)*

Ihr alten Herrn, was macht ihr hier am Ende?
Ich lobt euch, wenn ich euch hübsch in der Mitte fände,
Von Saus umzirkt und Jugendbraus;
Genug allein ist jeder ja zu Haus.

**General:**

Wer mag auf Nationen trauen!
Man habe noch so viel für sie getan;
Denn bei dem Volk wie bei den Frauen
Steht immerfort die Jugend oben an.

**Minister:**

Jetzt ist man von dem Rechten allzu weit,
Ich lobe mir die guten Alten;
Denn freilich, da wir alles galten,
Da war die rechte goldne Zeit.

**Parvenü:**

Wir waren wahrlich auch nicht dumm
Und taten oft, was wir nicht sollten;

Doch jetzo kehrt sich alles um und um,
Und eben da wir's fest erhalten wollten.

**Autor:**

Wer mag wohl überhaupt jetzt eine Schrift
Von mäßig klugem Inhalt lesen!
Und was das liebe junge Volk betrifft,
Das ist noch nie so naseweis gewesen.

**Mephistopheles** *(der auf einmal sehr alt erscheint)* :

Zum Jüngsten Tag fühl ich das Volk gereift,
Da ich zum letztenmal den Hexenberg ersteige,
Und weil mein Fäßchen trübe läuft,
So ist die Welt auch auf der Neige.

**Trödelhexe:**

Ihr Herren, geht nicht so vorbei!
Laßt die Gelegenheit nicht fahren!
Aufmerksam blickt nach meinen Waren,
Es steht dahier gar mancherlei.
Und doch ist nichts in meinem Laden,
Dem keiner auf der Erde gleicht,
Das nicht einmal zum tücht'gen Schaden
Der Menschen und der Welt gereicht.
Kein Dolch ist hier, von dem nicht Blut geflossen,
Kein Kelch, aus dem sich nicht in ganz gesunden Leib
Verzehrend heißes Gift ergossen,
Kein Schmuck, der nicht ein liebenswürdig Weib
Verführt, kein Schwert, das nicht den Bund gebrochen,
Nicht etwa hinterrücks den Gegenmann durchstochen.

**Mephistopheles:**

Frau Muhme! Sie versteht mir schlecht die Zeiten.
Getan, geschehn! Geschehn, getan!
Verleg Sie sich auf Neuigkeiten!
Nur Neuigkeiten ziehn uns an.

**Faust:**

Daß ich mich nur nicht selbst vergesse!
Heiß ich mir das doch eine Messe!

**Mephistopheles:**

Der ganze Strudel strebt nach oben;
Du glaubst zu schieben, und du wirst geschoben.

**Faust:**

Wer ist denn das?

**Mephistopheles:**

Betrachte sie genau!
Lilith ist das.

**Faust:**

Wer?

**Mephistopheles:**

Adams erste Frau.
Nimm dich in acht vor ihren schönen Haaren,
Vor diesem Schmuck, mit dem sie einzig prangt.
Wenn sie damit den jungen Mann erlangt,
So läßt sie ihn so bald nicht wieder fahren.

**Faust:**

Da sitzen zwei, die Alte mit der Jungen;
Die haben schon was Rechts gesprungen!

**Mephistopheles:**

Das hat nun heute keine Ruh.
Es geht zum neuen Tanz, nun komm! wir greifen zu.

**Faust** *(mit der Jungen tanzend)*:

Einst hatt ich einen schönen Traum
Da sah ich einen Apfelbaum,

Zwei schöne Äpfel glänzten dran,
Sie reizten mich, ich stieg hinan.

**Die Schöne:**

Der Äpfelchen begehrt ihr sehr,
Und schon vom Paradiese her.
Von Freuden fühl ich mich bewegt,
Daß auch mein Garten solche trägt.

**Mephistopheles** *(mit der Alten)*:

Einst hatt ich einen wüsten Traum
Da sah ich einen gespaltnen Baum,
Der hatt ein ungeheures Loch;
So groß es war, gefiel mir's doch.

**Die Alte:**

Ich biete meinen besten Gruß
Dem Ritter mit dem Pferdefuß!
Halt Er einen rechten Pfropf bereit,
Wenn Er das große Loch nicht scheut.

**Proktophantasmist:**

Verfluchtes Volk! was untersteht ihr euch?
Hat man euch lange nicht bewiesen:
Ein Geist steht nie auf ordentlichen Füßen?
Nun tanzt ihr gar, uns andern Menschen gleich!

**Die Schöne** *(tanzend)*:

Was will denn der auf unserm Ball?

**Faust** *(tanzend)*:

Ei! der ist eben überall.
Was andre tanzen, muß er schätzen.
Kann er nicht jeden Schritt beschwätzen,
So ist der Schritt so gut als nicht geschehn.
Am meisten ärgert ihn, sobald wir vorwärts gehn.
Wenn ihr euch so im Kreise drehen wolltet,

Wie er's in seiner alten Mühle tut
Das hieß' er allenfalls noch gut
Besonders wenn ihr ihn darum begrüßen solltet.

**Proktophantasmist:**

Ihr seid noch immer da! nein, das ist unerhört.
Verschwindet doch! Wir haben ja aufgeklärt!
Das Teufelspack, es fragt nach keiner Regel
Wir sind so klug, und dennoch spukt's in Tegel.
Wie lange hab ich nicht am Wahn hinausgekehrt,
Und nie wird's rein; das ist doch unerhört!

**Die Schöne:**

So hört doch auf, uns hier zu ennuyieren!

**Proktophantasmist:**

Ich sag's euch Geistern ins Gesicht:
Den Geistesdespotismus leid ich nicht;
Mein Geist kann ihn nicht exerzieren.

*(Es wird fortgetanzt.)*

Heut, seh ich, will mir nichts gelingen;
Doch eine Reise nehm ich immer mit
Und hoffe noch vor meinem letzten Schritt
Die Teufel und die Dichter zu bezwingen.

**Mephistopheles:**

Er wird sich gleich in eine Pfütze setzen,
Das ist die Art, wie er sich soulagiert,
Und wenn Blutegel sich an seinem Steiß ergetzen,
Ist er von Geistern und von Geist kuriert.

*(Zu Faust, der aus dem Tanz getreten ist.)*

Was lässest du das schöne Mädchen fahren,
Das dir zum Tanz so lieblich sang?

**Faust:**

Ach! mitten im Gesange sprang
Ein rotes Mäuschen ihr aus dem Munde.

**Mephistopheles:**

Das ist was Rechts! das nimmt man nicht genau;
Genug, die Maus war doch nicht grau.
Wer fragt darnach in einer Schäferstunde?

**Faust:**

Dann sah ich –

**Mephistopheles:**

Was?

**Faust:**

Mephisto, siehst du dort
Ein blasses, schönes Kind allein und ferne stehen?
Sie schiebt sich langsam nur vom Ort,
Sie scheint mit geschloßnen Füßen zu gehen.
Ich muß bekennen, daß mir deucht,
Daß sie dem guten Gretchen gleicht.

**Mephistopheles:**

Laß das nur stehn! dabei wird's niemand wohl.
Es ist ein Zauberbild, ist leblos, ein Idol.
Ihm zu begegnen, ist nicht gut:
Vom starren Blick erstarrt des Menschen Blut,
Und er wird fast in Stein verkehrt;
Von der Meduse hast du ja gehört.

**Faust:**

Fürwahr, es sind die Augen einer Toten,
Die eine liebende Hand nicht schloß.
Das ist die Brust, die Gretchen mir geboten,
Das ist der süße Leib, den ich genoß.

**Mephistopheles:**

Das ist die Zauberei, du leicht verführter Tor!
Denn jedem kommt sie wie sein Liebchen vor.

**Faust:**

Welch eine Wonne! welch ein Leiden!
Ich kann von diesem Blick nicht scheiden.
Wie sonderbar muß diesen schönen Hals
Ein einzig rotes Schnürchen schmücken,
Nicht breiter als ein Messerrücken!

**Mephistopheles:**

Ganz recht! ich seh es ebenfalls.
Sie kann das Haupt auch unterm Arme tragen,
Denn Perseus hat's ihr abgeschlagen.
Nur immer diese Lust zum Wahn!
Komm doch das Hügelchen heran,
Hier ist's so lustig wie im Prater
Und hat man mir's nicht angetan,
So seh ich wahrlich ein Theater.
Was gibt's denn da?

**Servibilis:**

Gleich fängt man wieder an.
Ein neues Stück, das letzte Stück von sieben.
So viel zu geben ist allhier der Brauch,
Ein Dilettant hat es geschrieben
Und Dilettanten spielen's auch.
Verzeiht, ihr Herrn, wenn ich verschwinde
Mich dilettiert's, den Vorhang aufzuziehn.

**Mephistopheles:**

Wenn ich euch auf dem Blocksberg finde;
Das find ich gut; denn da gehört ihr hin.

## Walpurgisnachtstraum

### *Oder*
### *Oberons und Titanias goldne Hochzeit*

### *Intermezzo*

**Theatermeister:**

Heute ruhen wir einmal,
Miedings wackre Söhne.
Alter Berg und feuchtes Tal,
Das ist die ganze Szene!

**Herold:**

Daß die Hochzeit golden sei,
Solln funfzig Jahr sein vorüber;
Aber ist der Streit vorbei,
Das golden ist mir lieber.

**Oberon:**

Seid ihr Geister, wo ich bin,
So zeigt's in diesen Stunden;
König und die Königin,
Sie sind aufs neu verbunden.

**Puck:**

Kommt der Puck und dreht sich quer
Und schleift den Fuß im Reihen;
Hundert kommen hinterher,
Sich auch mit ihm zu freuen.

**Ariel:**

Ariel bewegt den Sang
In himmlisch reinen Tönen;
Viele Fratzen lockt sein Klang,
Doch lockt er auch die Schönen.

**Oberon:**

Gatten, die sich vertragen wollen,
Lernen's von uns beiden!
Wenn sich zweie lieben sollen,
Braucht man sie nur zu scheiden.

**Titania:**

Schmollt der Mann und grillt die Frau,
So faßt sie nur behende,
Führt mir nach dem Mittag sie,
Und ihn an Nordens Ende.

**Orchester Tutti** *(Fortissimo)*:

Fliegenschnauz und Mückennas
Mit ihren Anverwandten,
Frosch im Laub und Grill im Gras,
Das sind die Musikanten!

**Solo:**

Seht, da kommt der Dudelsack!
Es ist die Seifenblase.
Hört den Schneckeschnickeschnack
Durch seine stumpfe Nase

**Geist, der sich erst bildet:**

Spinnenfuß und Krötenbauch
Und Flügelchen dem Wichtchen!
Zwar ein Tierchen gibt es nicht,
Doch gibt es ein Gedichtchen.

**Ein Pärchen:**

Kleiner Schritt und hoher Sprung
Durch Honigtau und Düfte
Zwar du trippelst mir genung,
Doch geh's nicht in die Lüfte.

**Neugieriger Reisender:**

Ist das nicht Maskeradenspott?
Soll ich den Augen trauen,
Oberon, den schönen Gott,
Auch heute hier zu schauen?

**Orthodox:**

Keine Klauen, keinen Schwanz!
Doch bleibt es außer Zweifel:
So wie die Götter Griechenlands,
So ist auch er ein Teufel.

**Nordischer Künstler:**

Was ich ergreife, das ist heut
Fürwahr nur skizzenweise;
Doch ich bereite mich beizeit
Zur italien'schen Reise.

**Purist:**

Ach! mein Unglück führt mich her:
Wie wird nicht hier geludert!
Und von dem ganzen Hexenheer
Sind zweie nur gepudert.

**Junge Hexe**

Der Puder ist so wie der Rock
Für alt' und graue Weibchen,
Drum sitz ich nackt auf meinem Bock
Und zeig ein derbes Leibchen.

**Matrone:**

Wir haben zu viel Lebensart
Um hier mit euch zu maulen!
Doch hoff ich, sollt ihr jung und zart
So wie ihr seid, verfaulen.

**Kapellmeister:**

Fliegenschnauz und Mückennas
    Umschwärmt mir nicht die Nackte!
    Frosch im Laub und Grill im Gras,
    So bleibt doch auch im Takte!

**Windfahne** *(nach der einen Seite)*:

Gesellschaft, wie man wünschen kann:
    Wahrhaftig lauter Bräute!
    Und Junggesellen, Mann für Mann,
    Die hoffnungsvollsten Leute!

**Windfahne** *(nach der andern Seite)*:

Und tut sich nicht der Boden auf,
    Sie alle zu verschlingen,
    So will ich mit behendem Lauf
    Gleich in die Hölle springen.

**Xenien:**

Als Insekten sind wir da,
    Mit kleinen scharfen Scheren,
    Satan, unsern Herrn Papa,
    Nach Würden zu verehren.

**Hennings:**

Seht, wie sie in gedrängter Schar
    Naiv zusammen scherzen!
    Am Ende sagen sie noch gar,
    Sie hätten gute Herzen.

**Musaget:**

Ich mag in diesem Hexenheer
    Mich gar zu gern verlieren;
    Denn freilich diese wüßt ich eh'r
    Als Musen anzuführen.

**Ci-devant Genius der Zeit:**

Mit rechten Leuten wird man was.
Komm, fasse meinen Zipfel!
Der Blocksberg, wie der deutsche Parnaß,
Hat gar einen breiten Gipfel.

**Neugieriger Reisender:**

Sagt, wie heißt der steife Mann?
Er geht mit stolzen Schritten.
Er schnopert, was er schnopern kann.
„Er spürt nach Jesuiten."

**Kranich:**

In dem klaren mag ich gern
Und auch im trüben fischen;
Darum seht ihr den frommen Herrn
Sich auch mit Teufeln mischen.

**Weltkind:**

Ja, für die Frommen, glaubet mir,
Ist alles ein Vehikel,
Sie bilden auf dem Blocksberg hier
Gar manches Konventikel.

**Tänzer:**

Da kommt ja wohl ein neues Chor?
Ich höre ferne Trommeln.
„Nur ungestört! es sind im Rohr
Die unisonen Dommeln."

**Tanzmeister:**

Wie jeder doch die Beine lupft!
Sich, wie er kann, herauszieht!
Der Krumme springt, der Plumpe hupft
Und fragt nicht, wie es aussieht.

**Fiedler:**

Das haßt sich schwer, das Lumpenpack,
Und gäb sich gern das Restchen;
Es eint sie hier der Dudelsack,
Wie Orpheus' Leier die Bestjen.

**Dogmatiker:**

Ich lasse mich nicht irre schrein,
Nicht durch Kritik noch Zweifel.
Der Teufel muß doch etwas sein;
Wie gäb's denn sonst auch Teufel?

**Idealist:**

Die Phantasie in meinem Sinn
Ist diesmal gar zu herrisch.
Fürwahr, wenn ich das alles bin,
So bin ich heute närrisch.

**Realist:**

Das Wesen ist mir recht zur Qual
Und muß mich baß verdrießen;
Ich stehe hier zum erstenmal
Nicht fest auf meinen Füßen.

**Supernaturalist:**

Mit viel Vergnügen bin ich da
Und freue mich mit diesen;
Denn von den Teufeln kann ich ja
Auf gute Geister schließen.

**Skeptiker:**

Sie gehn den Flämmchen auf der Spur
Und glaubn sich nah dem Schatze.
Auf Teufel reimt der Zweifel nur;
Da bin ich recht am Platze.

**Kapellmeister:**

Frosch im Laub und Grill im Gras,
  Verfluchte Dilettanten!
  Fliegenschnauz und Mückennas,
  Ihr seid doch Musikanten!

**Die Gewandten:**

Sanssouci, so heißt das Heer
  Von lustigen Geschöpfen;
  Auf den Füßen geht's nicht mehr,
  Drum gehn wir auf den Köpfen.

**Die Unbehilflichen:**

Sonst haben wir manchen Bissen erschranzt,
  Nun aber Gott befohlen!
  Unsere Schuhe sind durchgetanzt,
  Wir laufen auf nackten Sohlen.

**Irrlichter:**

Von dem Sumpfe kommen wir,
  Woraus wir erst entstanden;
  Doch sind wir gleich im Reihen hier
  Die glänzenden Galanten.

**Sternschnuppe:**

Aus der Höhe schoß ich her
  Im Stern- und Feuerscheine,
  Liege nun im Grase quer –
  Wer hilft mir auf die Beine?

**Die Massiven:**

Platz und Platz! und ringsherum!
  So gehn die Gräschen nieder.
  Geister kommen, Geister auch,
  Sie haben plumpe Glieder.

**Puck:**

Tretet nicht so mastig auf
Wie Elefantenkälber,
Und der plumpst' an diesem Tag
Sei Puck, der derbe, selber.

**Ariel:**

Gab die liebende Natur,
Gab der Geist euch Flügel,
Folget meiner leichten Spur,
Auf zum Rosenhügel!

**Orchester** *(Pianissimo)*:

Wolkenzug und Nebelflor
Erhellen sich von oben.
Luft im Laub und Wind im Rohr,
Und alles ist zerstoben.

## Trüber Tag. Feld

***Faust. Mephistopheles.***

**Faust:**

Im Elend! Verzweifelnd! Erbärmlich auf der Erde lange verirrt und nun gefangen! Als Missetäterin Im Kerker zu entsetzlichen Qualen eingesperrt, das holde unselige Geschöpf! Bis dahin! dahin! – Verräterischer, nichtswürdiger Geist, und das hast du mir verheimlicht! – Steh nur, steh! wälze die teuflischen Augen ingrimmend im Kopf herum! Steh und trutze mir durch deine unerträgliche Gegenwart! Gefangen! Im unwiederbringlichen Elend! Bösen Geistern übergeben und der richtenden gefühllosen Menschheit! Und mich wiegst du indes in abgeschmackten Zerstreuungen, verbirgst mir ihren wachsenden Jammer und lässest sie hilflos verderben!

**Mephistopheles:**

Sie ist die erste nicht.

**Faust:**

Hund! abscheuliches Untier! – Wandle ihn, du unendlicher Geist! wandle den Wurm wieder in seine Hundsgestalt, wie er sich oft nächtlicherweile gefiel, vor mir herzutrotten, dem harmlosen Wandrer vor die Füße zu kollern und sich dem niederstürzenden auf die Schultern zu hängen. Wandl' ihn wieder in seine Lieblingsbildung, daß er vor mir im Sand auf dem Bauch krieche ich ihn mit Füßen trete, den Verworfnen! – „Die erste nicht!" – Jammer! Jammer! von keiner Menschenseele zu fassen, daß mehr als *ein* Geschöpf in die Tiefe dieses Elendes versank, daß nicht das erste genugtat für die Schuld aller übrigen in seiner windenden Todesnot vor den Augen des ewig Verzeihenden! Mir wühlt es Mark und Leben durch, das Elend dieser einzigen – du grinsest gelassen über das Schicksal von Tausenden hin!

**Mephistopheles:**

Nun sind wir schon wieder an der Grenze unsres Witzes, da, wo euch Menschen der Sinn überschnappt. Warum machst du Gemeinschaft mit uns wenn du sie nicht durchführen kannst? Willst fliegen und bist vorm Schwindel nicht sicher? Drangen wir uns dir auf, oder du dich uns?

**Faust:**

Fletsche deine gefräßigen Zähne mir nicht so entgegen! Mir ekelt's! – Großer, herrlicher Geist, der du mir zu erscheinen würdigtest, der du mein Herz kennest und meine Seele, warum an den Schandgesellen mich schmieden, der sich am Schaden weidet und am Verderben sich letzt?

**Mephistopheles:**

Endigst du?

**Faust:**

Rette sie! oder weh dir! Den gräßlichsten Fluch über dich auf Jahrtausende!

**Mephistopheles:**

Ich kann die Bande des Rächers nicht lösen, seine Riegel nicht öffnen. – „Rette sie!" – Wer war's, der sie ins Verderben stürzte? Ich oder du?

*(Faust blickt wild umher.)*

Greifst du nach dem Donner? Wohl, daß er euch elenden Sterblichen nicht gegeben ward! Den unschuldig Entgegnenden zu zerschmettern, das ist so Tyrannenart, sich in Verlegenheiten Luft zu machen.

**Faust:**

Bringe mich hin! Sie soll frei sein!

**Mephistopheles:**

Und die Gefahr, der du dich aussetzest? Wisse, noch liegt auf der Stadt Blutschuld von deiner Hand. Über des Erschlagenen Stätte schweben rächende Geister und lauern auf den wiederkehrenden Mörder.

**Faust:**

Noch das von dir? Mord und Tod einer Welt über dich Ungeheuer! Führe mich hin, sag ich, und befrei sie.

**Mephistopheles:**

Ich führe dich, und was ich tun kann, höre! Habe ich alle Macht im Himmel und auf Erden? Des Türners Sinne will ich umnebeln, bemächtige dich der Schlüssel und führe sie heraus mit Menschenhand! Ich wache, die Zauberpferde sind bereit, ich entführe euch. Das vermag ich.

**Faust:**

Auf und davon!

## Nacht, offen Feld

***Faust, Mephistopheles, auf schwarzen Pferden daherbrausend.***

**Faust:**

Was weben die dort um den Rabenstein?

**Mephistopheles:**

Weiß nicht, was sie kochen und schaffen.

**Faust:**

Schweben auf, schweben ab, neigen sich, beugen sich.

**Mephistopheles:**

Eine Hexenzunft.

**Faust:**

Sie streuen und weihen.

**Mephistopheles:**

Vorbei! Vorbei!

## Kerker

**Faust** *(mit einem Bund Schlüssel und einer Lampe, vor einem eisernen Türchen)*:

Mich faßt ein längst entwohnter Schauer,
Der Menschheit ganzer Jammer faßt mich an
Hier wohnt sie hinter dieser feuchten Mauer
Und ihr Verbrechen war ein guter Wahn
Du zauderst, zu ihr zu gehen!
Du fürchtest, sie wiederzusehen!
Fort! dein Zagen zögert den Tod heran.

*(Er ergreift das Schloß. Es singt inwendig.)*

Meine Mutter, die Hur
Die mich umgebracht hat!
Mein Vater, der Schelm
Der mich gessen hat!
Mein Schwesterlein klein
Hub auf die Bein
An einem kühlen Ort;
Da ward ich ein schönes Waldvögelein;
Fliege fort, fliege fort!

**Faust** *(aufschließend)* :

Sie ahnet nicht, daß der Geliebte lauscht,
Die Ketten klirren hört, das Stroh, das rauscht.

*(Er tritt ein.)*

**Margarete** *(sich auf dem Lager verbergend)*:

Weh! Weh! Sie kommen. Bittrer Tod!

**Faust** *(leise)*:

Still! Still! ich komme, dich zu befreien.

**Margarete** *(sich vor ihn hinwälzend)*:

Bist du ein Mensch, so fühle meine Not.

**Faust:**

Du wirst die Wächter aus dem Schlafe schreien!

*(Er faßt die Ketten, sie aufzuschließen.)*

**Margarete** *(auf den Knien)*:

Wer hat dir Henker diese Macht
Über mich gegeben!
Du holst mich schon um Mitternacht.
Erbarme dich und laß mich leben!
Ist's morgen früh nicht zeitig genung? *(Sie steht auf.)*
Bin ich doch noch so jung, so jung!
Und soll schon sterben!
Schön war ich auch, und das war mein Verderben.
Nah war der Freund, nun ist er weit;
Zerrissen liegt der Kranz, die Blumen zerstreut.
Fasse mich nicht so gewaltsam an!
Schone mich! Was hab ich dir getan?
Laß mich nicht vergebens flehen,
Hab ich dich doch mein Tage nicht gesehen!

**Faust:**

Werd ich den Jammer überstehen!

**Margarete:**

Ich bin nun ganz in deiner Macht.
Laß mich nur erst das Kind noch tränken.
Ich herzt es diese ganze Nacht;
Sie nahmen mir's, um mich zu kränken,
Und sagen nun, ich hätt es umgebracht.
Und niemals werd ich wieder froh..
Sie singen Lieder auf mich! Es ist bös von den Leuten!
Ein altes Märchen endigt so,
Wer heißt sie's deuten?

**Faust** *(wirft sich nieder)*:

Ein Liebender liegt dir zu Füßen,
Die Jammerknechtschaft aufzuschließen.

**Margarete** *(wirft sich zu ihm)*:

O laß uns knien, die Heil'gen anzurufen!
Sieh! unter diesen Stufen,
Unter der Schwelle
Siedet die Hölle!
Der Böse,
Mit furchtbarem Grimme,
Macht ein Getöse!

**Faust** *(lacht)*:

Gretchen! Gretchen!

**Margarete** *(aufmerksam)*:

Das war des Freundes Stimme!

*(Sie springt auf. Die Ketten fallen ab.)*

Wo ist er? ich hab ihn rufen hören.
Ich bin frei! mir soll niemand wehren.
An seinen Hals will ich fliegen,
An seinem Busen liegen!
Er rief Gretchen! Er stand auf der Schwelle.
Mitten durchs Heulen und Klappen der Hölle,

Durch den grimmigen, teuflischen Hohn
Erkannt ich den süßen, den liebenden Ton.

**Faust:**

Ich bin's!

**Margarete:**

Du bist's! O sag es noch einmal!
*(Ihn fassend.)* Er ist's! Er ist's! Wohin ist alle Qual?
Wohin die Angst des Kerkers? der Ketten?
Du bist's! Kommst, mich zu retten.
Ich bin gerettet!
Schon ist die Straße wieder da
Auf der ich dich zum ersten Male sah
Und der heitere Garten
Wo ich und Marthe deiner warten

**Faust** *(fortstrebend)*:

Komm mit! Komm mit!

**Margarete:**

O weile
Weil ich doch so gern, wo du weilest. *(Liebkosend.)*

**Faust:**

Eile!
Wenn du nicht eilest
Werden wir's teuer büßen müssen.

**Margarete:**

Wie? du kannst nicht mehr küssen?
Mein Freund, so kurz von mir entfernt
Und hast's Küssen verlernt?
Warum wird mir an deinem Halse so bang?
Wenn sonst von deinen Worten, deinen Blicken
Ein ganzer Himmel mich überdrang
Und du mich küßtest, als wolltest du mich ersticken.

Küsse mich!
Sonst küß ich dich! *(Sie umfaßt ihn.)*
O weh! deine Lippen sind kalt,
Sind stumm.
Wo ist dein Lieben
Geblieben?
Wer brachte mich drum? *(Sie wendet sich von ihm.)*

**Faust:**

Komm! Folge mir! Liebchen, fasse Mut!
Ich herze dich mit tausendfacher Glut
Nur folge mir! Ich bitte dich nur dies!

**Margarete** *(zu ihm gewendet)*:

Und bist du's denn? Und bist du's auch gewiß?

**Faust:**

Ich bin's! Komm mit!

**Margarete:**

Du machst die Fesseln los,
Nimmst wieder mich in deinen Schoß.
Wie kommt es, daß du dich vor mir nicht scheust?
Und weißt du denn, mein Freund, wen du befreist?

**Faust:**

Komm! komm! schon weicht die tiefe Nacht.

**Margarete:**

Meine Mutter hab ich umgebracht,
Mein Kind hab ich ertränkt.
War es nicht dir und mir geschenkt?
Dir auch. – Du bist's! ich glaub es kaum.
Gib deine Hand! Es ist kein Traum!
Deine liebe Hand! – Ach, aber sie ist feucht!
Wische sie ab! Wie mich deucht,
Ist Blut dran.

Ach Gott! was hast du getan!
Stecke den Degen ein,
Ich bitte dich drum!

**Faust:**

Laß das Vergangne vergangen sein,
Du bringst mich um.

**Margarete:**

Nein, du mußt übrigbleiben!
Ich will dir die Gräber beschreiben,
Für die mußt du sorgen
Gleich morgen;
Der Mutter den besten Platz geben,
Meinen Bruder sogleich darneben,
Mich ein wenig beiseit',
Nur nicht gar zu weit!
Und das Kleine mir an die rechte Brust.
Niemand wird sonst bei mir liegen! –
Mich an deine Seite zu schmiegen,
Das war ein süßes, ein holdes Glück!
Aber es will mir nicht mehr gelingen;
Mir ist's, als müßt ich mich zu dir zwingen,
Als stießest du mich von dir zurück;
Und doch bist du's und blickst so gut, so fromm.

**Faust:**

Fühlst du, daß ich es bin, so komm!

**Margarete:**

Dahinaus?

**Faust:**

Ins Freie.

**Margarete:**

Ist das Grab drauß,
Lauert der Tod, so komm!
Von hier ins ewige Ruhebett
Und weiter keinen Schritt
Du gehst nun fort? O Heinrich, könnt ich mit!

**Faust:**

Du kannst! So wolle nur! Die Tür steht offen!

**Margarete:**

Ich darf nicht fort; für mich ist nichts zu hoffen.
Was hilft es, fliehn? Sie lauern doch mir auf.
Es ist so elend, betteln zu müssen
Und noch dazu mit bösem Gewissen!
Es ist so elend, in der Fremde schweifen
Und sie werden mich doch ergreifen!

**Faust:**

Ich bleibe bei dir

**Margarete:**

Geschwind! Geschwind!
Rette dein armes Kind!
Fort! immer den Weg
Am Bach hinauf,
Über den Steg,
In den Wald hinein,
Links, wo die Planke steht,
Im Teich.
Faß es nur gleich!
Es will sich heben,
Es zappelt noch!
Rette! rette!

**Faust:**

Besinne dich doch!
Nur *einen* Schritt, so bist du frei!

**Margarete:**

Wären wir nur den Berg vorbei!
Da sitzt meine Mutter auf einem Stein,
Es faßt mich kalt beim Schopfe!
Da sitzt meine Mutter auf einem Stein
Und wackelt mit dem Kopfe
Sie winkt nicht, sie nickt nicht, der Kopf ist ihr schwer,
Sie schlief so lange, sie wacht nicht mehr.
Sie schlief, damit wir uns freuten.
Es waren glückliche Zeiten!

**Faust:**

Hilft hier kein Flehen, hilft kein Sagen,
So wag ich's, dich hinwegzutragen.

**Margarete:**

Laß mich! Nein, ich leide keine Gewalt!
Fasse mich nicht so mörderisch an!
Sonst hab ich dir ja alles zulieb getan.

**Faust:**

Der Tag graut! Liebchen! Liebchen!

**Margarete:**

Tag! Ja, es wird Tag! der letzte Tag dringt herein;
Mein Hochzeittag sollt es sein!
Sag niemand, daß du schon bei Gretchen warst.
Weh meinem Kranze!
Es ist eben geschehn!
Wir werden uns wiedersehn;
Aber nicht beim Tanze.
Die Menge drängt sich, man hört sie nicht.
Der Platz, die Gassen

Können sie nicht fassen.
Die Glocke ruft, das Stäbchen bricht.
Wie sie mich binden und packen!
Zum Blutstuhl bin ich schon entrückt.
Schon zuckt nach jedem Nacken
Die Schärfe, die nach meinem zückt.
Stumm liegt die Welt wie das Grab!

**Faust:**

O wär ich nie geboren!

**Mephistopheles** *(erscheint draußen)* :

Auf! oder ihr seid verloren.
Unnützes Zagen! Zaudern und Plaudern!
Mein Pferde schaudern,
Der Morgen dämmert auf.

**Margarete:**

Was steigt aus dem Boden herauf?
Der! der! Schick ihn fort!
Was will der an dem heiligen Ort?
Er will mich!

**Faust:**

Du sollst leben!

**Margarete:**

Gericht Gottes! dir hab ich mich übergeben!

**Mephistopheles** *(zu Faust)*:

Komm! komm! Ich lasse dich mit ihr im Stich.

**Margarete:**

Dein bin ich, Vater! Rette mich!
Ihr Engel! Ihr heiligen Scharen,
Lagert euch umher, mich zu bewahren!
Heinrich! Mir graut's vor dir.

**Mephistopheles:**

Sie ist gerichtet!

**Stimme** *(von oben)*:

Ist gerettet!

**Mephistopheles** *(zu Faust)*:

Her zu mir!

*(Verschwindet mit Faust.)*

**Stimme** *(von innen, verhallend)*:

Heinrich! Heinrich!